CUISINE LIBANAISE

Maya Barakat-Nuq

Photos
Laurent Bianquis

HACHETTE

table des matières

4 Introduction
4 L'art culinaire, tout un art de vivre
5 L'incontournable *mezzé*
5 Mais de quoi se compose un *mezzé* ?
7 La cuisine familiale
8 Cuisine libanaise et équilibre alimentaire
8 Le goût des épices et le choix des ingrédients

10 Mezzés ou hors-d'œuvre
10 Taboulé
10 Salade au pain, *Fattouche*
12 Fromage blanc, *Labné*
12 Concombres au yaourt *Laban bi khiar*
12 Salade de pommes de terre, *Salata batata*
14 Salade de cervelles, *Salata nkhaa*
14 Condiments de concombres *Kabiss khiar*
14 Condiments de navets, *Kabiss lifit*
16 Purée de pois chiches *Hoummos bi thiné*
16 Purée d'aubergines, *Moutabal beitnjan ou baba ghanouj*
18 Falafel
18 Salade de pois chiches *Salata hoummos*
20 Bouchées aux épinards *Fatayers bi sabanegh*
20 Pizzas à la viande *Sfiha ou lahem bi ajin*
22 Bouchées à la viande *Sambousseks bi lahm*
22 Tartes au fromage *Fatayers bi jibneh*

24 Soupes
24 Soupe au yaourt et aux oignons *Laban oumo*
24 Soupe au riz, *Chorbet rouz*
26 Soupe aux feuilles de corête *Mloukhiée*

28 Poissons
28 Kibbé de poisson
28 Poisson au riz, *Sayadiyée*
30 Poisson à la crème de sésame
   Samak bi thiné
30 Poisson aux piments
   Samakée harra

32 Œufs
32 Œufs aux poivrons, *Chakchouka*
32 Œufs brouillés aux courgettes
   Mfarraket koussa
32 Œufs frits au sumac
   Beid bi sumac

34 Viandes et kibbés
34 Tartare au persil, *Kafta nayée*
34 Pâté de viande à la libanaise,
   Znoud el sit
36 Boulettes à la tomate
   Kabab hindi ou daoud bacha
36 Viande grillée,
   Kafta michouiée
38 Viande aux légumes
   Kaouaj ou Masbaha
38 Gigot au riz pilaf
   Fakhdée ouzi
40 Ragoût de viande
   et ratatouille, *Tabbakh rouho*
40 Poulet farci, *Djaj mihchi*
42 Poulet mariné et grillé
   Chich taouk
42 Kibbé cru, *Kibbé nayé*
44 Kibbé au four, *Kibbé bi saynieh*
46 Boulettes de kibbé au yaourt
   Kibbé bi laban

48 Légumes
48 Feuilles de vigne à la viande
   Ouarak inib
48 Courgettes farcies
   Koussa mihchi
50 Légumes farcis,
   Mihchi bi zayt
50 Haricots à la tomate
   Loubieh bi zayt
52 Moussaka
52 Chicorée ou pissenlits à l'huile,
   Hindbé
54 Purée de lentilles et de riz
   Moujjadarah
54 Burghoul ou riz aux vermicelles
   Burghoul, riz moufalfal

56 Desserts
56 Flan libanais, *Mouhallabiée*
56 Petits gâteaux au safran, *Sfouf*
58 Gâteaux aux pistaches
   Maamouls
60 Gâteau de semoule au fromage
   Knafée bi jibneh

62 Table des recettes

introduction

À l'image de sa cuisine et de sa culture, le Liban est un pays riche et varié, aux paysages multiples allant de la côte méditerranéenne et de la ville moderne aux plaines fertiles et aux montagnes enneigées.

L'art culinaire, tout un art de vivre

Si la cuisine est le miroir d'une civilisation donnée, celle du Liban est le fruit d'une des plus grandes et des plus anciennes. L'histoire du Liban ainsi que celle de sa gastronomie remontent à l'Antiquité. La cuisine libanaise est spécifique, présente et riche à l'image de l'identité et de la culture libanaises. Elle est aussi multiple et variée que les différentes régions qui forment ce petit pays avec des paysages allant de la fertile côte méditerranéenne et de la ville moderne jusqu'aux vastes plaines de la Bekaa, aux montagnes enneigées et aux villages imprégnés de folklore et de traditions. Les vieilles coutumes sont toujours aussi vivantes et se reflètent dans l'art culinaire et dans la manière de vivre.

Les Libanais, qui sont, dit-on, plus nombreux à l'extérieur du pays qu'au Liban même, ont exporté la cuisine libanaise et un certain art de vivre : la gastronomie libanaise a ainsi gagné de nombreux adeptes.

En France, cette cuisine est largement répandue et aujourd'hui, lorsqu'on pénètre dans un des multiples restaurants libanais, il n'est pas rare de trouver plus de non-Libanais, initiés et amoureux de cette cuisine, que de Libanais eux-mêmes.

Aussi, ce livre a pour sujet d'aller plus loin, et de permettre aux fans de cette cuisine, qu'ils soient Libanais ou pas, de réaliser chez eux les nombreux plats qu'ils aiment déguster et de retrouver ainsi les subtiles saveurs propres à cette cuisine.

Les adeptes de l'art culinaire libanais n'ont aucun souci à se faire : ils trouveront facilement tous les ingrédients nécessaires dans les innombrables épiceries libanaises et orientales qui fleurissent partout et même parfois dans les rayons spécialisés des grandes surfaces.

L'incontournable *mezzé*

Ce qui frappe en premier lieu dans la cuisine libanaise, c'est la multiplicité des hors-d'œuvre. Véritable coutume nationale, le *mezzé*, s'il existe dans les autres pays avoisinants, n'atteint sa véritable ampleur qu'au Liban. Les Libanais passent parfois de longues heures à table, à déguster d'innombrables plats et à boire de l'arak. Car il est impossible de concevoir un *mezzé* sans son indispensable associé : l'arak. De nombreuses invitations à dîner sont formulées par une invitation à prendre un verre. Il est évident qu'autour de ce « verre » seront prévus de nombreux plats plus ou moins importants. Il est aussi évident que l'invité ne ressortira pas le ventre vide, mais qu'il aura au cours de la soirée goûté et apprécié une multitude de préparations culinaires.

L'arak est une boisson anisée faite à base d'eau de vie et de raisin. On ajoute à cette eau de vie plus ou moins d'eau et quelques glaçons, selon le goût. Au contact de l'eau, l'arak devient laiteux. Il est impératif de respecter l'ordre de préparation d'un verre d'arak (arak, eau, puis glaçons) et de ne jamais, par exemple, mettre les glaçons avant l'eau, car, selon les experts, cela « trouble » l'arak et tue le goût de cette boisson.

Ainsi, autour de l'arak et du *mezzé*, se déroulent de nombreux repas, pris tranquillement et longuement en plein air, dans un décor où tout a été prévu pour flatter l'œil en même temps que le palais, et où l'air paisible incite à de longues conversations tout en mangeant.

Le *mezzé*, bien plus qu'une certaine façon de se nourrir, est représentatif de l'état d'esprit du Liban et d'un certain art de vivre où l'on prend son temps et où la vie sociale et amicale revêt une importance primordiale.

Mais de quoi se compose un *mezzé* ?

Le *mezzé* ou *mazza*, tel qu'on le prononce en arabe, désigne tout ce qu'on a plaisir à déguster. Cela peut aller des mets les plus modestes aux plus raffinés et somptueux. Il peut comporter quatre, cinq ou six hors-d'œuvre présentés dans des petits raviers, et aller jusqu'à vingt, trente, voire quarante…

Un « petit » *mezzé* sera relativement simple et frugal, et comportera un ravier de graines de potiron ou de pastèque grillées, des pois chiches, des crudités diverses, tomates, concombres, cœur de romaine, oignon verts, feuilles de menthe, fromage blanc, olives, pistaches, etc.

Un *mezzé* moyennement modeste comportera un taboulé, des légumes frits, du *labné* (sorte de fromage blanc égoutté), du *taratour* (mélange à base de *thiné* ou crème de sésame, de jus de citron, d'ail pilé allongé d'eau), auquel on ajoute diverses purées de légumes, notamment d'aubergines ou de courgettes, que l'on déguste nature, agrémentées de persil haché. On peut encore déguster des légumes cuisinés à l'huile et à la sauce tomate, notamment des haricots verts, des cornes grecques, des salades de cervelles ou de moelle, des cervelles panées, des *makanek* (petites saucisses d'agneau relevées). Ainsi, un *mezzé* moyen comportera environ quinze à vingt raviers. Mais le *mezzé* peut être vraiment somptueux et comporter encore des morceaux de viande ou d'abats d'agneau crus, que l'on déguste avec un morceau d'oignon, une feuille de menthe, le tout accompagné de pain arabe et assaisonné de sel et de poivre. Notons dès à présent, que ce que l'on appelle poivre libanais est en fait un mélange de poivre blanc et d'épices diverses (cumin, cannelle et clous de girofle).

Un *mezzé* digne de ce nom ne saurait se concevoir sans le traditionnel *kibbé*. Plat national libanais, au même titre que le taboulé, celui-ci est également typique des pays avoisinants. Le *kibbé*, souvent présent, se distingue par la multiplicité des façons de le préparer et de le présenter. C'est un mélange de viande hachée (de mouton, d'agneau ou même de poisson) et de blé concassé (*burghoul*), agrémenté d'épices variées en fonction des régions et présenté de diverses façons. On le déguste souvent cru (*kibbé nayé*) au cours d'un *mezzé*, agrémenté d'huile d'olive, d'oignon cru et de feuilles de menthe. Certains y ajoutent des piments ou d'autres saveurs telles que la coriandre ou le cumin, les radis…

On prépare également des boulettes de *kibb*é farcies de viande hachée, d'oignon et de pignons, le tout jeté dans une huile bouillante, ou des *kibbés méchouiés*, façonnés en formes de boules plus grosses, farcies d'oignons, de graisse et de noix, puis grillées ; ou encore des *kibbés bi saynié*, cuits dans un plat à four et formés de deux couches de *kibbé* au milieu desquelles est étalée une couche de viande et d'oignon hachés, parsemée de pignons, sans oublier les épices qui font toute la différence !

Un *mezzé* riche comportera également des feuilles de vigne farcies à l'huile, des bouchées aux épinards, à la viande ou au fromage, diverses salades de roquette, de thym frais, de pissenlits ou de chicorées cuites, une salade de fèves, divers légumes frits, du *bastorma* (sorte de viande séchée et marinée dans des épices) et le nombre de plats peut atteindre vingt, trente ou quarante selon l'imagination, l'envie et la gourmandise ! Aucune limite n'est de mise !

Le mezzé, *bien plus qu'une simple tradition culinaire, est une véritable institution où se reflète tout l'art de vivre libanais.*

Le pain
Un vrai *mezzé* ne peut se concevoir sans arak, mais également sans pain. La pain arabe est très particulier et ne peut se comparer à la baguette française. C'est une sorte de galette plate et fine faite de deux couches.

Le pain dit *markouk* est un pain plus typiquement libanais, traditionnellement fabriqué à la montagne. Sa pâte est beaucoup plus fine et elle est cuite sur une grande plaque en forme de tonneau (le *tannour*) ou plate (le *saj*). Il se caractérise par sa finesse et aussi par la délicatesse et l'art nécessaire à sa préparation. Il s'apparente plus à une gigantesque crêpe qu'au pain traditionnel et est très prisé des amateurs.

Pour déguster la nourriture libanaise, notamment les *mezzés*, il est nécessaire de s'initier à l'art de manger à la libanaise. On arrache des petits morceaux de pain, qu'on enroule en forme d'entonnoir ou de cornet, celui-ci servant à ramasser directement dans le plat la valeur d'une bouchée, qu'on déguste directement avec les doigts.

Le marché libanais, regorgeant de couleurs et d'odeurs méditerranéennes, est une délicieuse introduction à l'art culinaire du Liban.

Le narguilé

Le déroulement de l'institution du *mezzé* ne serait pas complet si l'on ne sacrifiait pas à la coutume arabe du narguilé, sorte de pipe à eau avec un long tuyau qui sert à refroidir la fumée en la faisant passer par un récipient rempli d'eau. Les convives tirent chacun une bouffée à tour de rôle.

Le café

Et pour clore un bon *mezzé* à la libanaise, rien ne vaut un bon café selon la tradition arabe, servi par un cafetier professionnel, souvent attaché au restaurant, parfois ambulant et circulant de restaurant en restaurant. La coutume veut qu'on lui règle directement son café.

La cuisine familiale

Il est impératif de faire une distinction entre la cuisine familiale et la cuisine des restaurateurs. Si, la plupart du temps, on déguste au restaurant la gastronomie libanaise sous forme de *mezzés*, de grillades ou de pâtisseries raffinées et souvent difficiles à réaliser, la manière de se nourrir chez soi est sensiblement différente. Cela ne signifie nullement que l'on ne sait pas apprécier chez soi un bon *hoummos bi thiné* (purée de pois chiches) ou un taboulé frais et savoureux, mais la base de la nourriture familiale reste les plats plus cuisinés et les repas faits autour d'un plat unique, copieux et généreux.

Mais examinons ensemble le déroulement d'un menu quotidien à la libanaise.

• Au Liban, on commence souvent sa journée par un petit déjeuner copieux et solide, qui respecte en cela les conseils des divers nutritionnistes et qui permet surtout de « tenir le coup » jusqu'au déjeuner. Selon les régions et les goûts, on déguste à ce repas, une *mankouché* (sorte de galette au thym), du *labné* (fromage blanc), quelques olives et du pain, ou encore des œufs au plat agrémentés de sumac, ou du *foul* (salade de fèves), du *knafé bi jibné* (gâteau de semoule au fromage) ou encore quelques morceaux de viande ou d'abats crus accompagnés de pain et d'oignon. On peut aussi, pour se rapprocher du goût occidental, débuter sa journée par de la confiture d'abricots ou de fleurs d'oranger, du pain et du *kachkaouan* (fromage se rapprochant du cantal).

• Le déjeuner est un repas qui est servi relativement tard (vers 14 heures ou 14 heures 30), parfois plus tard. Le déjeuner reste considéré comme le repas principal de la journée et si, lors de réunions importantes, de fêtes ou d'occasions spéciales, il peut comporter plusieurs plats solides et copieux, la plupart du temps il est composé d'un plat unique qui, par sa composition et par ses ingrédients, constitue un plat complet. Il comporte souvent de la viande, des légumes, par exemple un *tabakh raouho* (ragoût de légumes et de viande), un *koussa mihchi* (courgettes farcies), accompagnés de riz ou de *burghoul* aux vermicelles et des céréales, quelquefois du yaourt : *kibbé bi laban* (yaourt avec des boulettes de viande), *chich barak* (raviolis au yaourt)…

• Un repas à la libanaise ne peut se concevoir sans un ravier de radis, d'olives ou de *kabiss* (sorte de légumes qui peuvent aller du concombre au poivron, au piment ou au navet, macérés pendant une à deux semaines dans un mélange d'eau, de sel et de vinaigre). Complètent souvent ce repas une salade mélangée et un plateau de fruits.

• Les desserts et les pâtisseries font rarement l'ordinaire d'un repas familial. En revanche ceux-ci sont appréciés vers 16 ou 17 heures avec une tasse de café ou lors des nombreuses visites que se font les uns et les autres.

• La vie sociale reste très importante au Liban et l'on se reçoit beaucoup, ne serait-ce qu'autour d'une tasse de café et d'une pâtisserie ou d'un verre d'arak et de quelques *mezzés*.

• Le dîner reste un repas léger et informel. De nombreuses familles libanaises ne se mettent pas à table lors de la prise de ce repas, et se contentent d'un plateau pris à la fraîche sur le balcon, dans le jardin ou devant le poste de télévision. En général, on ne consomme pas de plat cuisiné lors de ce repas, mais quelques légumes frits ou des salades, des céréales, du fromage, du pain et des fruits. Bien sûr, il n'en est pas de même lorsqu'on reçoit des amis ou lors des grandes réunions familiales… et il n'est pas rare d'assister alors à une certaine démesure et à des menus gargantuesques. Mais l'hospitalité libanaise n'est-elle pas l'une des données incontournables du pays ?

**Cuisine libanaise
et équilibre alimentaire**
La cuisine libanaise, à cause des ingrédients qui entrent dans sa composition, permet de respecter à la fois les règles de la diététique moderne et le plaisir des palais raffinés.
De par sa conception, elle laisse une grande part aux légumes et aux céréales et répond ainsi aux souhaits des diététiciens qui aimeraient nous voir diminuer la part de viande dans notre consommation quotidienne et privilégier les céréales, légumes et laitages. N'entend-on pas dire à longueur d'année : « Prenez trois repas équilibrés, un solide petit déjeuner et un dîner léger et vous respecterez les règles de l'équilibre alimentaire » ? Aussi, prendre exemple sur la gastronomie libanaise et suivre les menus peut être un excellent moyen de se faire plaisir et de suivre une certaine hygiène alimentaire… à condition de ne pas se laisser entraîner par sa gourmandise et de ne pas abuser de ce qui est bon !

**Le goût des épices
et le choix des ingrédients**
Au Liban, on utilise un grand nombre d'épices et d'aromates. La cuisine libanaise, sans être une cuisine forte et piquante — le piment fort est rarement présent — évoque des parfums et des goûts bien spécifiques.

• Le *burghoul* (blé concassé) est utilisé fin pour la préparation des *kibbés*, du taboulé. Moulu plus gros, il accompagne les ragoûts.

• Ail et oignon sont très présents dans tous les plats et s'utilisent crus ou cuits. Les quantités varient en fonction des goûts et des habitudes.

• Le citron est largement utilisé pour assaisonner les salades et de nombreux plats cuisinés.

• Le concentré de tomates entre dans la composition de nombreux ragoûts et de légumes farcis.

• Les amandes, les pignons et les pistaches sont bien sûr utilisés dans la confection des

Légumes et épices sont très présents dans la cuisine libanaise : vous trouverez tous les ingrédients qui vous seront nécessaires dans les épiceries arabes.

- On prépare également le café blanc (à base d'eau chaude sucrée ou non selon le goût, et d'eau de fleur d'oranger). Il a un goût incomparable et des vertus digestives certaines.
- Le sirop de grenade remplace le citron dans de nombreux plats cuisinés.
- La crème de sésame (*thiné*) sert à la préparation de nombreuses purées et salades et se déguste telle quelle, en accompagnement du poisson, diluée avec un jus de citron, un peu d'eau, une gousse d'ail écrasée et du sel.
- Le persil (plat de préférence) est très utilisé notamment dans le taboulé et les salades.
- La menthe également est utilisée soit fraîche soit séchée et parsemée dans les salades et les plats au yaourt.
- La coriandre fraîche est souvent associée à l'ail pilé et parfume de nombreuses grillades et plats cuisinés.
- Quant aux épices, il est important de ne pas oublier de vous fournir en cumin, en cannelle (moulue et en bâtons), en clous de girofle, poivre libanais, sumac et thym.

desserts, mais ils sont forts appréciés grillés et mélangés au riz et à la viande.
- L'huile d'olive est la matière grasse la plus utilisée : bien sûr pour toutes les salades, mais également pour les fritures et pour agrémenter de nombreux plats, tels le *hoummos bi thiné* (purée de pois chiches), le *moutabal* (purée d'aubergines), les légumes cuits, etc.
- L'eau de rose et l'eau de fleur d'oranger sont utilisées pour parfumer les entremets et les pâtisseries.

mezzés

TABOULÉ
le vrai

Une portion contient environ :
130 cal. Protides : 4 g.
Lipides : 5 g. Glucides : 18 g.

Pour 8 personnes
Préparation : 30 mn

- *150 g de* burghoul
  (blé concassé)
- *5 tomates moyennes*
- *2 oignons moyens*
- *8 feuilles de salade romaine, de vigne ou de chou tendre*
- *2 ou 3 citrons*
- *4 bouquets de persil plat*
- *1 bouquet de menthe*
- *6 cuil. à soupe d'huile d'olive*
- *1 cuil. à soupe de menthe séchée*
- *sel, poivre du moulin*

1. Versez le *burghoul* dans un bol d'eau froide, lavez-le. Passez-le dans une passoire très fine, puis laissez-le gonfler 1 h au frais.

2. Lavez les tomates, le persil, la menthe et séchez-les. Équeutez le persil et la menthe. Hachez-les très finement. Coupez les tomates en très petits dés, épluchez et hachez les oignons, pressez les citrons.

3. Dans un grand saladier, mélangez ces ingrédients au *burghoul*. Ajoutez le jus des citrons, l'huile d'olive, la menthe séchée, et le poivre. Ne salez qu'au dernier moment, juste avant de servir.

4. Lavez les feuilles de romaine, de vigne ou de chou, essuyez-les et disposez-les autour d'un grand plat. Versez le taboulé au milieu.

♦ On utilise les feuilles enroulées comme un cornet pour manger le taboulé. Le taboulé est probablement la spécialité la plus connue, mais aussi la plus déformée et dénaturée. Voici la seule vraie recette : elle diffère de celle que l'on trouve chez les traiteurs et n'en est qu'un cousin très éloigné.

SALADE AU PAIN
fattouche

rapide et frais

Une portion contient environ :
120 cal. Protides : 4 g.
Lipides 5 g. Glucides : 16 g.

Pour 6 personnes
Préparation : 20 mn

- *1 pain arabe grillé ou 4 tranches de pain grillées*
- *4 tomates*
- *1 concombre*
- *1 oignon*
- *1 bouquet de persil*
- *1 bouquet de menthe*
- *1 bouquet de pourpier*
- *4 cuil. à soupe d'huile d'olive*
- *le jus de 1 citron ou 2 cuil. à soupe de vinaigre*
- *12 olives noires*
- *2 gousses d'ail*
- *1 cuil. à café de sumac*
- *1 cuil. à café de menthe séchée*
- *sel*

1. Cassez le pain en morceaux au-dessus d'un saladier.

2. Lavez les tomates et séchez-les. Épluchez le concombre, puis coupez les tomates et le concombre en petits dés dans le saladier.

3. Lavez les bouquets de persil, de menthe et de pourpier, séchez-les, équeutez-les et hachez-les grossièrement. Épluchez l'oignon et hachez-le, puis ajoutez-le dans le saladier avec les herbes.

4. Assaisonnez avec le jus de citron ou le vinaigre (ou un mélange des deux), de l'huile d'olive et du sel. Saupoudrez de sumac et de menthe séchée, ajoutez les olives et l'ail pelé et haché.

5. Mélangez bien et servez frais.

VARIANTE

Cette salade permet d'utiliser à volonté les différentes crudités de saison en mélangeant, selon son inspiration, divers légumes, herbes fraîches ou séchées. Vous pouvez ainsi la varier et la décliner à l'infini.

En haut : salade au pain.
En bas : taboulé.

mezzés

FROMAGE BLANC
labné

rapide

Une portion contient environ :
200 cal. Protides : 12 g.
Lipides : 15 g. Glucides : 5 g.

Pour 6 personnes
Préparation : 10 mn

- *1 kg de fromage blanc ou 1,5 kg de yaourt bulgare*
- *1 petit oignon (facultatif)*
- *2 gousses d'ail (facultatif)*
- *quelques feuilles de menthe*
- *1 cuil. à soupe de menthe sèche en poudre*
- *1 filet d'huile d'olive*
- *sel*

1. Si vous utilisez du yaourt bulgare, laissez-le égoutter pendant 4 à 5 h dans un torchon propre au-dessus d'une passoire, à température ambiante (ou bien une nuit entière pour une consistance plus épaisse).

2. Épluchez, puis hachez l'oignon ainsi que l'ail si vous en utilisez. Mélangez-les ensuite avec le fromage blanc ou le yaourt égoutté, et la menthe sèche. Salez.

3. Présentez le *labné* dans un ravier ou un plat creux. Décorez-le avec quelques feuilles de menthe fraîche et un filet d'huile d'olive.

CONSEIL !

> Servez le *labné* avec du pain arabe ou bien avec des crudités : tomates, concombres, poivron, oignon, etc.

CONCOMBRES AU YAOURT
laban bi khiar

rafraîchissant

Une portion contient environ :
60 cal. Protides : 7 g.
Lipides : 1 g. Glucides : 6 g.

Pour 6 personnes
Préparation : 10 mn

- *8 pots de yaourt nature*
- *1 et 1/2 gros concombre ou 6 petits*
- *2 gousses d'ail*
- *1 cuil. à soupe de menthe séchée*
- *sel*

1. Pelez et lavez les concombres. Coupez-les en petits dés. Épluchez et écrasez l'ail.

2. Versez les yaourts dans un bol assez grand, ajoutez les concombres, l'ail, la menthe et le sel.

3. Servez très frais après un léger temps de repos.

SALADE DE POMMES DE TERRE
salata batata

très facile

Une portion contient environ :
200 cal. Protides : 3 g.
Lipides : 4 g. Glucides : 37 g.

Pour 6 personnes
Préparation : 30 mn

- *1 kg de pommes de terre à chair ferme*
- *2 citrons*
- *4 cuil. à soupe de crème de sésame (thiné)*
- *3 gousses d'ail*
- *1/2 bouquet de persil*
- *sel*

1. Lavez les pommes de terre et mettez-les à cuire environ 15 mn dans une casserole d'eau salée.

2. Pendant ce temps, préparez le *thiné* dans un saladier, pelez et écrasez l'ail, pressez les citrons. Lavez, équeutez, hachez le persil.

3. Mélangez tous les ingrédients, versez la crème de sésame, salez.

4. Laissez refroidir les pommes de terre hors de l'eau lorsqu'elles sont cuites. Épluchez-les, coupez-les en dés, mettez-les dans le saladier avec le *thiné* et mélangez.

En haut : concombres au yaourt.
En bas : fromage blanc.

mezzés

SALADE DE CERVELLES
salata nkhaa

raffiné

Une portion contient environ :
140 cal. Protides : 10 g.
Lipides : 8 g. Glucides : 5 g.

Pour 6 personnes
Préparation : 15 mn

- *3 cervelles de bœuf ou 6 cervelles de mouton*
- *2 bâtons de cannelle*
- *1 bouquet de persil*
- *le jus de 3 citrons*
- *3 cuil. à soupe d'huile d'olive*
- *1 oignon*
- *sel, poivre du moulin*

1. Lavez les cervelles et faites-les bouillir 5 mn dans de l'eau salée avec la cannelle et le jus de 1 citron. Égouttez, laissez refroidir.

2. Pelez l'oignon, hachez-le. Lavez le persil, hachez-le également.

3. Ôtez la membrane et les nerfs des cervelles. Coupez les cervelles en petits morceaux et assaisonnez-les avec l'huile d'olive, le persil et l'oignon haché, le jus de 2 citrons, le sel et le poivre.

♦ Au Liban, les abats se consomment grillés, en ragoût et en salade. Ils figurent souvent dans les *mezzés* et sont consommés au petit déjeuner dans certaines régions.

CONDIMENTS DE CONCOMBRES
kabiss khiar

frais

Un bocal contient environ :
130 cal. Protides : 10 g.
Lipides : 0 g. Glucides : 20 g.

Préparation : 10 mn
Macération : 2 semaines

- *1 kg de concombres*
- *2 gousses d'ail*
- *2 cuil. à soupe de vinaigre*
- *2 cuil. à soupe de sel*

1. Placez les concombres entiers non épluchés dans un bocal.

2. Dissolvez le sel dans un demi-litre d'eau, puis versez-la dans le bocal jusqu'à recouvrir entièrement les concombres. Ajoutez de l'eau si nécessaire.

3. Assaisonnez de 1 ou 2 cuillerées à soupe de vinaigre selon que vous aimez les condiments acidulés ou pas. Ajoutez les gousses d'ail épluchées, mais entières.

4. Laissez macérer les *kabiss* pendant environ 15 jours. Conservez-les au frais et consommez-les rapidement.

♦ Les concombres sont très petits au Moyen-Orient. On peut néanmoins utiliser un gros concombre coupé en 3 ou 4 tronçons ou les remplacer par des cornichons.

CONDIMENTS DE NAVETS
kabiss lifit

quotidien

Un bocal contient environ :
320 cal. Protides : 10 g.
Lipides : 0 g. Glucides : 70 g.

Préparation : 10 mn
Macération : 2 semaines

- *1 kg de navets*
- *1 petite betterave cuite*
- *2 cuil. à soupe de vinaigre*
- *2 cuil. à soupe de sel*

1. Lavez les navets et coupez-en les extrémités, puis coupez-les en deux et mettez-les dans un bocal.

2. Dissolvez le sel dans un demi-litre d'eau, puis versez-la dans le bocal jusqu'à recouvrir entièrement les navets. Ajoutez de l'eau si nécessaire.

3. Assaisonnez de 1 ou 2 cuillerées à soupe de vinaigre selon que vous aimez les condiments acidulés ou pas. Ajoutez la betterave coupée en deux : elle donnera une jolie couleur aux navets.

4. Laissez macérer les *kabiss* pendant environ 15 jours. Conservez-les au frais et consommez-les rapidement.

En haut : condiments de navets.
En bas : condiments de concombres.

mezzés

PURÉE DE POIS CHICHES
hoummos bi thiné

un grand classique

Une portion contient environ :
300 cal. Protides : 10 g.
Lipides : 13 g. Glucides : 38 g.

Pour 6 personnes
Préparation : 1 h 10
Trempage : 12 h

- 500 g de pois chiches en boîte ou 350 g de pois chiches secs
- 4 cuil. à soupe de thiné (crème de sésame)
- le jus de 2 citrons
- 3 gousses d'ail
- 3 cuil. à soupe d'huile d'olive
- sel

1. Si vous utilisez des pois chiches secs, mettez-les à tremper durant une nuit entière.

2. Le lendemain, faites cuire les pois chiches à feu doux, dans une casserole d'eau salée, pendant environ 1 h. Vous pouvez également utiliser des pois chiches en boîte, déjà cuits.

3. Pelez l'ail, écrasez-le et mettez-le dans le bol d'un robot électrique. Ajoutez la crème de sésame, les pois chiches cuits et égouttés, le jus des citrons et le sel. Réduisez le tout en purée très lisse et servez arrosé d'huile d'olive.

CONSEIL !

Le *hoummos* accompagne des grillades, du *kibbé* ou tout simplement des crudités diverses et du pain arabe. Certains le dégustent même au petit déjeuner ou lors d'un souper tardif. Il a une place privilégiée dans les *mezzés*. N'en abusez pas, cette purée est très riche.

PURÉE D'AUBERGINES
moutabal beitnjan ou baba ghanouj

rafraîchissant

Une portion contient environ :
85 cal. Protides : 2 g.
Lipides : 5 g. Glucides : 8 g.

Pour 6 personnes
Préparation : 50 mn

- 500 g d'aubergines
- 3 tomates
- 2 pots de yaourt
- 3 cuil. à soupe de crème de sésame
- 2 cuil. à soupe d'huile d'olive
- le jus de 1 et 1/2 citron
- 2 gousses d'ail épluchées et écrasées
- sel

1. Préchauffez le four à 240 °C (th. 8).

2. Lavez les aubergines et piquez-les à deux ou trois endroits avec un couteau pour éviter qu'elles n'éclatent dans le four. Mettez-les au four et faites-les griller environ 30 mn en les retournant à mi-cuisson.

3. Sortez les aubergines du four, plongez-les environ 3 mn dans un bol d'eau froide et épluchez-les. La peau craquelée vient alors très facilement.

4. Écrasez les aubergines à l'aide d'une fourchette ou passez-les au mixeur. Ajoutez à cette purée les yaourts, la crème de sésame, le jus de citron, l'ail et le sel. Mélangez jusqu'à ce que la préparation soit bien homogène.

5. Versez la purée dans un plat de service. Arrosez d'huile d'olive. Lavez, essuyez les tomates, puis coupez-les en quartiers que vous disposerez autour du plat. Servez très frais.

VARIANTE

Dans certaines régions, on prépare ce *moutabal* sans yaourt. Cette préparation devient alors très proche du caviar d'aubergines et bien sûr, elle est moins énergétique.

En haut : purée d'aubergines.
En bas : purée de pois chiches.

mezzés

FALAFEL

croustillant

Une boulette contient environ :
130 cal. Protides : 3 g.
Lipides : 4 g. Glucides : 20 g.

Pour 30 boulettes
Préparation : 30 mn
Trempage : 12 h

- *400 g de fèves sèches*
- *200 g de pois chiches secs*
- *100 g de farine*
- *1 gros oignon*
- *2 bouquets de persil*
- *4 gousses d'ail*
- *1 cuil. à café de cumin en poudre*
- *1 cuil. à café de piment doux (ou fort)*
- *huile pour friture*
- *sel*

1. Faites tremper les fèves et les pois chiches dans l'eau pendant une nuit entière, puis égouttez-les.

2. Lavez, équeutez le persil. Épluchez l'oignon. Passez les fèves et les pois chiches au mixeur ou à la moulinette en même temps que l'oignon et le persil.

3. Mettez la purée ainsi obtenue dans un grand saladier. Pelez et hachez l'ail. Ajoutez-le à la purée avec la farine, le cumin et le piment. Salez et mélangez bien.

4. Avec vos mains, formez des boulettes en ajoutant au besoin un peu d'eau.

5. Faites chauffer l'huile dans une sauteuse et faites-y dorer les boulettes à feu moyen sur tous les côtés.

CONSEIL !

Servez avec des radis, des oignons, du persil, des tomates et une sauce à la crème de sésame, du citron, du sel et une gousse d'ail écrasée.

SALADE DE POIS CHICHES

salata hoummos

économique

Une portion contient environ :
215 cal. Protides : 10 g.
Lipides : 5 g. Glucides : 28 g.

Pour 6 personnes
Préparation : 1 h 10
Trempage : 12 h

- *250 g de pois chiches secs ou 300 g de pois chiches en boîte*
- *3 tomates*
- *1 bouquet de persil*
- *1 oignon*
- *2 gousses d'ail*
- *le jus de 1 citron*
- *3 cuil. à soupe d'huile d'olive*
- *sel*

1. Faites cuire les pois chiches secs pendant 1 h à feu doux dans une casserole d'eau salée, après les avoir fait tremper une nuit entière. Égouttez-les et laissez-les refroidir. Vous pouvez aussi utiliser des pois chiches en boîte déjà cuits.

2. Lavez les tomates et coupez-les en petits dés. Épluchez et hachez l'oignon. Lavez, séchez et hachez le persil. Pelez l'ail et écrasez-le.

3. Mélangez tous les légumes dans un grand saladier, ajoutez les pois chiches, le jus de citron et l'huile. Salez et mélangez encore.

VARIANTE

Vous pouvez remplacer les pois chiches par des fèves sèches trempées et cuites de la même manière ou par un mélange des deux légumes.

En haut : falafel.
En bas : salade de pois chiches.

mezzés

BOUCHÉES AUX ÉPINARDS
fatayers bi sabanegh

raffiné

Une bouchée contient environ :
90 cal. Protides : 2 g.
Lipides : 2 g. Glucides : 17 g.

Pour 30 bouchées
Préparation : 50 mn - Repos : 2 h

- *1 kg d'épinards*
- *2 oignons*
- *2 cuil. à soupe de sirop de grenade ou le jus de 1 citron*
- *6 cuil. à soupe d'huile d'olive*
- *500 g de farine*
- *1 cuil. à café de levure boulangère*
- *sel, poivre du moulin*

1. Préparez la pâte : mélangez la farine, la levure et le sel, ajoutez 1 verre d'eau et pétrissez jusqu'à ce que la pâte soit lisse et ferme. Laissez-la reposer 2 h dans un torchon humide.

2. Préparez la farce : lavez et séchez les épinards, puis hachez-les grossièrement. Plongez-les 10 mn dans de l'eau bouillante salée et égouttez-les. Laissez-les refroidir et pressez-les pour ôter le maximum d'eau.

3. Pelez, hachez les oignons finement. Mélangez-les aux épinards avec l'huile, le sel, le poivre, le jus de citron ou le sirop de grenade.

4. Préchauffez le four à 200 °C (th. 6).

5. Sur un plan de travail fariné, étalez la pâte sur une épaisseur de 5 mm. À l'aide d'une tasse à thé, découpez 30 ronds dans la pâte. Mettez 1 cuillerée à café de farce au centre de chaque rond et ramenez les bords les uns contre les autres, en forme de pyramide.

6. Rangez les *fatayers* sur une plaque à four recouverte de papier sulfurisé huilé. Enfournez et faites cuire de 15 à 20 mn. Servez chaud ou tiède avec des quartiers de citron.

PIZZAS À LA VIANDE
sfiha ou lahem bi ajin

pour recevoir

Une pizza contient environ :
120 cal. Protides : 4 g.
Lipides : 5 g. Glucides : 14 g.

Pour 30 pizzas
Préparation : 50 mn - Repos : 2 h

- *500 g de viande hachée*
- *1 pot de yaourt*
- *3 cuil. à soupe de sirop de grenade ou le jus de 1 citron*
- *2 oignons*
- *50 g de pignons de pin*
- *500 g de farine*
- *1 cuil. à café de levure boulangère*
- *sel, poivre du moulin*

1. Préparez la pâte : mélangez la farine, la levure et le sel, ajoutez un verre d'eau et pétrissez jusqu'à ce que la pâte soit lisse et ferme. Laissez-la reposer 2 h dans un torchon humide.

2. Préparez la farce : pelez les oignons et hachez-les très finement. Mélangez-les à la viande ; ajoutez le yaourt, le sirop ou le jus de citron, et les pignons de pin. Salez et poivrez.

3. Divisez la pâte en 30 petits tas. Étalez-les à la main sur un plan de travail fariné pour obtenir des disques de 5 mm d'épaisseur. Préchauffez le four à 200 °C (th. 6).

4. Recouvrez une plaque à four de papier sulfurisé huilé et rangez-y les disques de pâte. Étalez 1 cuillerée à soupe de farce sur chaque rond. Enfournez et faites cuire de 15 à 20 mn. Servez chaud avec du yaourt ou des quartiers de citron.

VARIANTE

Dans la farce, vous pouvez remplacer le yaourt par la pulpe de 3 tomates, ajouter 1 cuillerée à café de piment doux ou fort.

*En haut : bouchées aux épinards.
En bas : pizzas à la viande.*

mezzés

BOUCHÉES À LA VIANDE
sambousseks bi lahm

pour recevoir

Une bouchée contient environ :
80 cal. Protides : 3 g.
Lipides : 4 g. Glucides : 8 g.

Pour 50 bouchées
Préparation : 55 mn

- 500 g de viande hachée
- 1 paquet de feuilles de beurek ou brik
- 50 g de pignons de pin
- 2 gros oignons
- 2 œufs
- 3 cuil. à soupe d'huile
- sel, poivre du moulin

1. Pelez les oignons et hachez-les finement. Faites-les revenir dans une poêle antiadhésive à feu très doux avec l'huile, puis ajoutez la viande et faites cuire 10 mn en mélangeant le tout.

2. Ajoutez les pignons de pin et laissez refroidir. Ajoutez les œufs crus. Salez et poivrez.

3. Préchauffez le four à 200 °C (th. 6).

4. Coupez chaque feuille de *beurek* en deux dans le sens de la longueur. Mettez 1 cuillerée à café de farce sur le haut de la feuille, rabattez les côtés et roulez la feuille jusqu'au bout. Soudez le bord en mouillant avec un peu d'eau.

5. Faites cuire les *sambousseks* 15 mn au four sur une plaque huilée. Servez-les chauds ou tièdes.

♦ On emploie pour faire ces *sambousseks* la pâte à *brik* qui est une pâte feuilletée très fine connue dans tout le Moyen-Orient et l'Afrique du Nord et dont l'origine est turque.

TARTES AU FROMAGE
fatayers bi jibneh

pour recevoir

Une tarte contient environ :
100 cal. Protides : 4 g.
Lipides : 3 g. Glucides : 15 g.

Pour 30 tartes
Préparation : 50 mn - Repos : 2 h

- 250 g de fromage blanc égoutté
- 250 g de fromage bulgare (fetta)
- 1 œuf
- 3 cuil. à soupe de beurre ramolli ou d'huile
- persil haché (facultatif)
- 500 g de farine
- 1 cuil. à café de levure boulangère
- sel, poivre du moulin

1. Préparez la pâte : mélangez la farine, la levure et le sel, ajoutez 1 verre d'eau et pétrissez jusqu'à ce que la pâte soit lisse et ferme. Laissez-la reposer 2 h dans un torchon humide.

2. Préparez la farce : écrasez le fromage à l'aide d'une fourchette et mélangez-le à l'œuf, au beurre ou à l'huile, et au persil. Poivrez.

3. Préchauffez le four à 200 °C (th. 6). Sur un plan de travail fariné, étalez la pâte sur une épaisseur de 5 mm. Faites-y 30 ronds avec une tasse à thé. Relevez un peu les bords pour que la farce ne déborde pas durant la cuisson. Étalez sur chaque rond 1 cuillerée à soupe de farce.

4. Faites cuire les *fatayers* de 15 à 20 mn au four sur une plaque recouverte de papier sulfurisé huilé.

5. Servez chaud ou froid avec une petite salade mélangée.

VARIANTE

Vous pouvez refermer entièrement les *fatayers* en forme de demi-lune. Soudez bien les bords en pressant avec vos doigts. On prépare de la même façon des *fatayers bi zaatar* ou des *manakich*, sorte de galette farcie avec un mélange de thym, d'épices et d'huile d'olive.

En haut : bouchées à la viande.
En bas : tartes au fromage.

SOUPE AU YAOURT ET AUX OIGNONS
Laban oumo

plat complet

Une portion contient environ :
500 cal. Protides : 37 g.
Lipides : 30 g. Glucides : 18 g.

Pour 6 personnes
Préparation : 1 h 30

- *1 kg de jarret de bœuf, de veau ou de mouton*
- *500 g d'oignons*
- *1 kg de yaourt nature (8 pots)*
- *3 cuil. à soupe d'huile*
- *1 œuf*
- *2 cuil. à soupe de Maïzena*
- *2 bâtons de cannelle*
- *sel, poivre du moulin*

1. Coupez la viande en morceaux moyens. Faites-les revenir dans une marmite pendant 1 à 2 mn. Salez, poivrez.

2. Pelez et émincez les oignons, ajoutez-les à la viande et faites-les dorer 5 mn à feu doux, en ajoutant l'huile. Ajoutez la cannelle et couvrez d'eau. Faites cuire à couvert pendant 45 mn dans une casserole, ou 20 minutes si vous utilisez un autocuiseur.

3. Mélangez le yaourt, l'œuf cru et la Maïzena dans un grand saladier et salez. Mettez ce mélange dans une passoire très fine et laissez-le égoutter, puis versez-le dans une casserole. Amenez-le à ébullition à feu très doux tout en remuant pour éviter que le yaourt n'attache.

4. Versez cette préparation sur la viande et les oignons, faites cuire environ 15 mn. Servez très chaud.

♦ Ce plat fait partie de la « cuisine familiale » libanaise et des plats uniques qui constituent l'essentiel des menus quotidiens. Il est suivi de crudités, d'une salade ou d'un fruit. Il est généralement accompagné de riz aux vermicelles (voir p. 54) ou de riz nature.

SOUPE AU RIZ
chorbet rouz

économique

Une portion contient environ :
400 cal. Protides : 17 g.
Lipides : 15 g. Glucides : 42 g.

Pour 6 personnes
Préparation : 45 mn

- *400 g de viande hachée*
- *1 et 1/2 verre de riz rond (300 g)*
- *2 oignons*
- *3 cuil. à soupe de beurre mou ou d'huile*
- *2 citrons*
- *1 cuil. à café de cannelle en poudre*
- *1 dose de safran (1 pincée)*
- *sel, poivre du moulin*

1. Épluchez et hachez les oignons, puis faites-les revenir avec l'huile, ou le beurre, dans une poêle anti-adhésive. Salez-les et ajoutez la viande hachée. Faites cuire environ 5 mn à feu doux.

2. Mettez le mélange oignons et viande dans une casserole. Versez 1,5 litre d'eau et amenez le tout à ébullition.

3. Lavez le riz, jetez-le dans l'eau. Ajoutez le safran et la cannelle, puis couvrez. Faites cuire de 20 à 25 mn à feu doux. Rectifiez l'assaisonnement en sel et en poivre et servez chaud avec des quartiers de citron.

VARIANTE

On prépare aussi cette soupe avec de la poitrine d'agneau farcie. C'est alors une soupe de fête que l'on sert au moment de Noël.

En haut : soupe au yaourt et aux oignons.
En bas : soupe au riz.

soupes

SOUPE AUX FEUILLES DE CORÊTE
mloukhiée

repas de fête

Une portion contient environ :
550 cal. Protides : 44 g.
Lipides : 15 g. Glucides : 58 g.

Pour 6 personnes
Préparation : 1 h 45

- *1 gros poulet prêt à cuire ou 2 petits*
- *3 oignons*
- *1 tête d'ail*
- *1 grand pain arabe grillé*
- *300 g de riz long*
- *1,5 kg de feuilles de corête* (mloukhiée) *congelées, en boîte ou sèches, ou 2 kg de* mloukhiée *fraîche*
- *3 cuil. à soupe d'huile ou 50 g de beurre*
- *3 cuil. à soupe de coriandre sèche moulue*
- *2 bâtons de cannelle*
- *le jus de 2 citrons*
- *1 verre de vinaigre de vin*
- *sel*

♦ La *mloukhiée* (feuilles de corête) est une plante typiquement moyen-orientale qui ressemble à de grandes feuilles de menthe et se rapproche, quant au goût, des épinards. Vous en trouverez facilement congelée, en boîte ou sèche, plus rarement fraîche, dans les épiceries arabes ou asiatiques.

1. Mettez le poulet dans une casserole, couvrez d'eau et salez. Épluchez 2 oignons, coupez-les en 4 et ajoutez-les dans la casserole avec les bâtons de cannelle. Faites cuire pendant 45 mn à feu doux jusqu'à la cuisson totale du poulet.

2. Épluchez la tête d'ail, écrasez-la. Mélangez-la à la coriandre et faites-la revenir dans une poêle avec l'huile ou le beurre.

3. Épluchez et hachez très finement l'oignon restant. Mélangez-le dans un bol avec le vinaigre.

4. Faites cuire le riz : amenez à ébullition trois verres d'eau, salez, baissez le feu, et jetez-y le riz. Laissez cuire jusqu'à évaporation totale de l'eau. Mettez le riz dans un plat et gardez-le au chaud.

5. Cassez le pain grillé en petits morceaux et mettez-les dans une assiette.

VARIANTE

Vous pouvez remplacer le poulet par du jarret de mouton bouilli ou même mélanger les deux viandes. Certains ajoutent également du *kibbé bi saynié* (*kibbé* au four, voir p. 44) aux différents mets qui constituent une assiette.

6. Désossez le poulet lorsqu'il est cuit, puis disposez-le sur un plat de service.

7. Ajoutez le mélange coriandre-ail dans le bouillon du poulet, puis jetez-y la *mloukhiée* et faites bouillir pendant 2 mn. Ajoutez le jus de citron et servez très chaud dans une soupière.

8. Les convives se serviront en mettant successivement dans leur assiette des morceaux de pain, du riz, des petits morceaux de poulet, une louche de soupe de *mloukhiée* et en arrosant le tout d'oignons au vinaigre.

poissons

KIBBÉ DE POISSON

original et raffiné

Une portion contient environ : 390 cal. Protides : 41 g. Lipides : 8 g. Glucides : 40 g.

Pour 6 personnes
Préparation : 1 h 25
Repos de la pâte : 1 à 2 h

- *1 kg de filets de cabillaud*
- *300 g de* burghoul
- *4 oignons*
- *1 cuil. à café de cumin*
- *1 dose de safran*
- *2 cuil. à café de coriande sèche moulue*
- *4 cuil. à soupe d'huile*
- *sel, poivre du moulin*

1. Lavez le *burghoul* et laissez-le gonfler au frais. Ôtez les arêtes du poisson. Passez-le au mixeur avec le *burghoul*. Ajoutez le cumin, le safran et la coriandre, puis salez et poivrez.

2. Pétrissez la pâte à la main jusqu'à ce qu'elle soit homogène. Divisez-la en deux parts égales.

3. Pelez les oignons, hachez-les et faites-les blondir dans une poêle avec 2 cuillerées à soupe d'huile.

4. Huilez un plat rond de 30 cm de diamètre. Mouillez une première part du *kibbé* avec de l'eau bien froide et étalez-la dans le plat avec la paume de vos mains.

5. Parsemez d'oignons. Étalez le second morceau de *kibbé*, puis couvrez-en le plat. Bouchez bien tous les trous et lissez la surface.

6. Mélangez dans un bol le reste d'huile et 3 ou 4 cuillerées à soupe d'eau. Mouillez de ce mélange le dessus du *kibbé*. Laissez reposer le *kibbé* 1 à 2 heures au frais, puis allumez le four à 200 °C (th. 6) et faites-le cuire 45 mn.

♦ Ce *kibbé* de poisson, et les poissons grillés ou frits, se servent avec une sauce faite de 3 cuillerées à soupe de *thiné* (crème de sésame), le jus de 1 citron, 1 gousse d'ail pelée et écrasée et du sel.

POISSON AU RIZ

sayadiyée

pour recevoir

Une portion contient environ : 570 cal. Protides : 64 g. Lipides : 14 g. Glucides : 47 g.

Pour 6 personnes
Préparation : 1 h 15

- *2 kg de poisson (daurade, loup, etc.) vidé et écaillé*
- *4 gros oignons*
- *300 g de riz*
- *6 cuil. à soupe d'huile d'olive*
- *50 g de pignons de pin et d'amandes mondées*
- *2 doses de safran*
- *1 cuil. à café de cumin*
- *1 cuil. à café de cannelle en poudre*
- *sel, poivre du moulin*

1. Faites dorer le poisson entier ou en tronçons dans une poêle avec l'huile, puis mettez-le dans une marmite.

2. Épluchez les oignons, hachez-les très finement et faites-les revenir dans une poêle jusqu'à ce qu'ils brunissent. Passez-les au mixeur et ajoutez-les au poisson.

3. Recouvrez le poisson de 4 à 5 verres d'eau ; ajoutez le safran, le cumin et la cannelle, salez, poivrez et faites cuire pendant 20 mn.

4. Retirez le poisson de l'eau lorsqu'il est cuit et prélevez 4 verres de son eau de cuisson. Portez-la à ébullition et faites-y cuire le riz à feu très doux jusqu'à évaporation totale de l'eau (environ 15 mn).

5. Présentez le riz, qui est devenu brun à la cuisson, sur un plat de service entouré des morceaux de poisson et parsemé de pignons de pin et d'amandes grillés.

6. Servez le reste de la sauce garnie d'amandes et de pignons de pin dans une saucière, accompagnée de quartiers de citron.

En haut : kibbé de poisson.
En bas : poisson au riz.

poissons

POISSON À LA CRÈME DE SÉSAME
samak bi thiné

facile

Une portion contient environ :
400 cal. Protides : 67 g.
Lipides : 10 g. Glucides : 10 g.

Pour 6 personnes

Préparation : 1 h 10

- *1 gros poisson de 2 kg (daurade ou bar) vidé et écaillé*
- *4 cuil. à soupe de thiné (crème de sésame)*
- *le jus de 2 citrons*
- *4 gros oignons*
- *1 cuil. à café de cannelle*
- *1 cuil. à café de cumin*
- *sel, poivre du moulin*

1. Épluchez les oignons, émincez-les, puis tapissez-en un plat à four. Salez, poivrez et ajoutez la cannelle et le cumin.

2. Préchauffez le four à 220 °C (th. 7).

3. Déposez le poisson sur les oignons. Délayez la *thiné* avec le jus des citrons mélangé à une demi-tasse d'eau. Étalez cette préparation sur le poisson.

4. Enfournez et faites cuire 50 mn.

♦ Servez dans le plat de cuisson avec une salade mélangée ou un *fattouche* (salade avec du pain, voir p. 10).

POISSON AUX PIMENTS
samakée harra

relevé

Une portion contient environ :
380 cal. Protides : 67 g.
Lipides : 8 g. Glucides : 10 g.

Pour 6 personnes

Préparation : 1 h 10

- *1 poisson de 2 kg (bar ou daurade) vidé et écaillé*
- *4 gros oignons*
- *1 tête d'ail*
- *1 bouquet de coriandre*
- *2 tomates*
- *1 cuil. à café de cumin*
- *1 cuil. à café de cannelle*
- *1 cuil. à café de piment fort*
- *4 cuil. à soupe d'huile d'olive*
- *sel, poivre du moulin*

1. Épluchez les oignons, émincez-les et faites-les blondir à la poêle dans l'huile. Épluchez et écrasez l'ail. Lavez, essuyez et coupez les tomates en dés. Équeutez le bouquet de coriandre.

2. Mélangez ces ingrédients dans la poêle, ajoutez le cumin, la cannelle et le piment. Salez et poivrez. Mélangez encore.

3. Préchauffez le four à 220 °C (th. 7).

4. Garnissez un plat à four avec la moitié de la préparation et posez le poisson par-dessus. Versez le reste de la préparation sur le poisson. Enfournez et faites cuire pendant 45 mn.

CONSEIL !

Servez ce plat avec une salade de tomates et du riz. Il se déguste généralement bien relevé : vous pouvez selon votre goût augmenter la quantité de piment. Mais vous pouvez aussi choisir de ne pas en mettre du tout.

*En haut : poisson aux piments.
En bas : poisson à la crème de sésame.*

ŒUFS AUX POIVRONS
chakchouka

familial

Une portion contient environ : 250 cal. Protides : 18 g. Lipides : 16 g. Glucides : 14 g.

Pour 6 personnes
Préparation : 45 mn

- *6 œufs*
- *250 g de viande hachée*
- *1 kg de tomates*
- *3 poivrons*
- *3 oignons*
- *2 cuil. à soupe de concentré de tomate*
- *6 gousses d'ail*
- *1 cuil. à café de piment (fort ou doux)*
- *2 cuil. à soupe d'huile*
- *sel, poivre du moulin*

1. Lavez et épluchez les tomates et les oignons. Coupez les tomates en quartiers, émincez les oignons. Lavez et coupez les poivrons en rondelles. Pelez et hachez l'ail.

2. Faites revenir la viande hachée dans une poêle antiadhésive avec l'huile, ajoutez les oignons, les poivrons, l'ail et faites cuire de 2 à 3 mn en mélangeant. Ajoutez un demi-verre d'eau et faites cuire à feu doux 10 mn

3. Ajoutez les tomates, le concentré de tomate dilué dans un peu d'eau et le piment. Salez, poivrez. Continuez la cuisson 15 mn. Préchauffez le four à 220 °C (th. 7).

4. Versez la préparation dans un plat. Cassez les œufs par-dessus, enfournez et faites cuire 5 mn.

♦ Servez avec des petits piments et du yaourt à l'ail.

ŒUFS BROUILLÉS AUX COURGETTES
mfarraket koussa

économique

Une portion contient environ : 250 cal. Protides : 18 g. Lipides : 17 g. Glucides : 12 g.

Pour 4 personnes
Préparation : 35 mn

- *500 g de courgettes*
- *2 oignons*
- *2 cuil. à soupe d'huile*
- *8 œufs*
- *sel, poivre du moulin*

1. Épluchez, hachez, salez et poivrez les oignons. Faites-les blondir dans une casserole avec l'huile.

2. Lavez les courgettes et coupez-les en petits dés, puis ajoutez-les aux oignons. Versez par-dessus un demi-verre d'eau et laissez mijoter à feu doux 15 mn à découvert.

3. Cassez les œufs un à un sur les courgettes et faites cuire 2 à 3 mn en remuant.

ŒUFS FRITS AU SUMAC
beid bi sumac

très rapide

Une portion contient environ : 220 cal. Protides : 16 g. Lipides : 18 g. Glucides : 0 g.

Pour 6 personnes
Préparation : 5 mn

- *12 œufs*
- *3 cuil. à café de sumac*
- *4 cuil. à soupe d'huile d'olive*
- *sel, poivre du moulin*

1. Faites chauffer l'huile dans une grande poêle et cassez-y les œufs.

2. Parsemez du sumac, salez, poivrez et faites cuire 2 à 3 mn.

CONSEIL !

Servez avec des oignons verts, des quartiers de tomate et du pain arabe. Les œufs préparés de cette façon sont dégustés en général au petit déjeuner.

En haut : œufs frits au sumac. En bas : œufs aux poivrons. Œufs brouillés aux courgettes.

viandes et kibbés

TARTARE AU PERSIL
kafta nayée
rapide et frais

Une portion contient environ :
180 cal. Protides : 19 g.
Lipides : 10 g. Glucides : 2 g.

Pour 6 personnes
Préparation : 10 mn

- *600 g de viande pour tartare*
- *1 oignon*
- *1 bouquet de persil*
- *sel, poivre du moulin*

1. Coupez la viande en morceaux et passez-la au mixeur jusqu'à ce qu'elle ait la consistance d'une pâte bien lisse.

2. Équeutez le bouquet de persil, lavez-le et séchez-le, puis hachez-le très finement. Épluchez et hachez l'oignon très finement.

3. Mélangez la viande, le persil et l'oignon. Salez, poivrez. Servez très frais. Accompagnez ce plat d'une petite salade et de feuilles de menthe.

VARIANTE

On prépare de la même façon de la viande crue en mélangeant de la viande très finement hachée à une demi-cuillerée à café de cumin, de coriandre sèche en poudre et un oignon haché.

PÂTÉ DE VIANDE À LA LIBANAISE
znoud el sit
pour buffet froid

Une portion contient environ :
460 cal. Protides : 27 g.
Lipides : 37 g. Glucides : 6 g.

Pour 6 personnes
Préparation : 1 h

- *800 g de viande hachée*
- *1 œuf cru*
- *2 œufs durs*
- *1 oignon*
- *3 cuil. à soupe de farine ou 4 tranches de pain de mie*
- *quelques pistaches non salées*
- *2 cuil. à soupe d'huile*
- *1 cuil. à café de cannelle en poudre*
- *1/2 verre de vinaigre*
- *sel, poivre du moulin*

1. Si vous utilisez du pain, faites-le tremper dans un peu d'eau afin qu'il ramollisse.

2. Dans un grand saladier, mélangez la viande hachée, le pain ramolli (ou la farine), l'œuf cru et la cannelle. Salez et poivrez. Ajoutez les pistaches.

3. Sur un plan de travail fariné, étalez la pâte que vous avez obtenue. Disposez les œufs durs au milieu et ramenez les côtés de la pâte pour former avec vos mains une grosse saucisse. Vous pouvez en faire deux plus petites en mettant un œuf dur par saucisse.

4. Épluchez l'oignon, hachez-le. Faites-le blondir dans une marmite avec l'huile. Salez, poivrez. Ajoutez le vinaigre et un grand verre d'eau.

5. Faites mijoter les rouleaux de viande dans la marmite pendant environ 30 mn. Laissez refroidir.

6. Découpez le pâté de viande en fines rondelles et servez.

VARIANTE

**Cette saucisse de viande se sert aussi chaude accompagnée de pommes de terre sautées.
Vous pouvez également la faire cuire au four. Mettez-la alors dans un plat, entourée de pommes de terre épluchées et coupées, et laissez cuire 1 heure.**

En haut : pâté de viande à la libanaise.
En bas : tartare au persil.

viandes et kibbés

BOULETTES À LA TOMATE
kabab hindi ou daoud bacha

plat complet

Une portion contient environ : 450 cal. Protides : 27 g. Lipides : 38 g. Glucides : 16 g.

Pour 6 personnes
Préparation : 1 h

- *800 g de viande hachée*
- *500 g de tomates*
- *4 gros oignons*
- *2 cuil. à soupe de farine*
- *4 cuil. à soupe d'huile*
- *2 grosses cuil. à soupe de concentré de tomate*
- *25 g de pignons de pin*
- *1 cuil. à café de cumin*
- *sel, poivre du moulin*

1. Dans un saladier, mélangez la viande hachée, le cumin, la farine et les pignons de pin. Salez et poivrez.

2. Faites de petites boulettes en roulant une petite quantité de viande au creux de la main ou bien formez des petites saucisses.

3. Épluchez les oignons, émincez-les et faites-les blondir pendant environ 5 mn dans une poêle antiadhésive avec l'huile. Versez les oignons et les boulettes dans une casserole.

4. Lavez les tomates, coupez-les en quartiers et ajoutez-les dans la casserole. Diluez le concentré de tomate dans un verre d'eau, puis versez-le dans la casserole. Laissez mijoter à feu doux pendant 30 mn. Servez chaud.

CONSEIL !

Servez les boulettes avec des quartiers de citron, des piments forts ou doux, et du riz ou du *burghoul* aux vermicelles (voir p. 54).

VARIANTE

On peut ajouter aussi, 5 mn avant la fin de la cuisson, une tasse de pois chiches cuits.

VIANDE GRILLÉE
kafta michouiée

convivial

Une portion contient environ : 300 cal. Protides : 24 g. Lipides : 22 g. Glucides : 2 g.

Pour 6 personnes
Préparation : 20 mn

- *800 g de viande de bœuf ou de mouton assez grasse*
- *1 bouquet de persil*
- *1 gros oignon*
- *sel, poivre du moulin*

1. Coupez la viande en morceaux et hachez-la.

2. Lavez et séchez le persil, puis équeutez-le et hachez-le très finement. Épluchez, hachez finement l'oignon. Mélangez l'oignon et le persil à la viande. Salez, poivrez.

3. Préchauffez le four à 240 °C (th. 8).

4. Divisez la *kafta* en 12 parts. Enroulez chaque part directement sur une broche en forme de saucisse. Faites griller 10 mn au four (5 mn de chaque côté).

5. Servez avec des tomates, des oignons, une salade, du *hoummos bi thiné* (purée de pois chiches, voir p. 16).

VARIANTE

Vous pouvez aussi former la *kafta* en galettes si vous n'avez pas de brochettes, et les faire griller sur un gril. Il est encore plus convivial de la faire griller au barbecue.

En haut : boulettes à la tomate.
En bas : viande grillée.

viandes et kibbés

VIANDE AUX LÉGUMES
kaouaj ou masbaha

quotidien

Une portion contient environ :
500 cal. Protides : 27 g.
Lipides : 37 g. Glucides : 18 g.

Pour 6 personnes
Préparation : 1 h 20

- *800 g de viande (épaule ou gigot)*
- *2 pommes de terre*
- *500 g de courgettes*
- *500 g de tomates*
- *500 g d'oignons*
- *1 cuil. à soupe de concentré de tomate*
- *sel, poivre du moulin*

1. Épluchez les pommes de terre, les courgettes, les tomates et les oignons. Coupez-les en gros morceaux. Mettez-les dans un plat à four.

2. Préchauffez le four à 200 °C (th. 6).

3. Dégraissez la viande et coupez-la en cubes de 2 cm de côté environ. Ajoutez-la aux légumes. Mélangez, salez et poivrez.

4. Diluez le concentré de tomate dans un demi-verre d'eau, puis ajoutez-le à la viande et aux légumes et mélangez.

5. Enfournez et faites cuire pendant environ 1 h, en tournant le *kaouaj* ou *masbaha* 2 ou 3 fois pendant la cuisson. Servez chaud dans le plat de cuisson.

♦ Vous pouvez accompagner le *kaouaj* ou *masbaha* de radis et de poivrons.

GIGOT AU RIZ PILAF
fakhdé ouzi

parfumé

Une portion contient environ :
650 cal. Protides : 42 g.
Lipides : 32 g. Glucides : 51 g.

Pour 8 personnes
Préparation : 2 h 20

- *1 gigot de 1,5 kg*
- *300 g de viande hachée*
- *500 g de riz long*
- *2 cuil. à soupe d'huile*
- *2 cuil. à café de cumin*
- *2 cuil. à café de cannelle en poudre*
- *6 graines de cardamome*
- *2 feuilles de laurier*
- *50 g d'amandes émondées*
- *50 g de pignons de pin*
- *sel, poivre du moulin*

1. Dégraissez le gigot le plus possible, puis faites-le dorer dans une poêle antiadhésive en le tournant sur tous les côtés pendant 5 mn.

2. Mettez-le dans une marmite et ajoutez le cumin, la cardamome, la cannelle et le laurier. Salez et poivrez. Couvrez d'eau. Fermez la marmite et laissez mijoter à feu doux de 1 h 30 à 1 h 40. Le gigot est cuit quand vous pouvez détacher la viande à la fourchette. Ajoutez de l'eau durant la cuisson si nécessaire.

3. Dans une poêle, faites revenir doucement dans l'huile, les amandes et les pignons jusqu'à ce qu'ils brunissent et réservez. Faites revenir la viande hachée.

4. Lorsque le gigot est cuit, ôtez-le de l'eau et réservez-le au chaud.

5. Prélevez 5 verres d'eau de cuisson du gigot. Versez-les dans une casserole, salez et amenez à ébullition. Jetez-y le riz, réduisez le feu, couvrez et laissez cuire jusqu'à évaporation de l'eau.

6. Servez le gigot entouré de riz parsemé d'amandes, de pignons et de viande hachée.

VARIANTE

Vous pouvez de la même manière préparer votre *ouzi* avec une épaule d'agneau ou des morceaux d'épaule. Si la viande est en morceaux, réduisez le temps de cuisson de moitié. On sert alors la viande mélangée au riz.

En haut : gigot au riz pilaf.
En bas : viande aux légumes.

viandes et kibbés

RAGOÛT DE VIANDE ET RATATOUILLE
tabbakh rouho

savoureux

Une portion contient environ :
545 cal. Protides : 30 g.
Lipides : 41 g. Glucides : 14 g.

Pour 6 personnes
Préparation : 1 h 20

- *1 épaule d'agneau de 1 kg ou 1 kg de morceaux d'épaule*
- *500 g de tomates*
- *500 g d'aubergines*
- *500 g de courgettes*
- *6 gousses d'ail*
- *2 cuil. à café de menthe sèche en poudre*
- *1 cuil. à soupe de concentré de tomate*
- *sel, poivre du moulin*

1. Dégraissez le plus possible la viande, puis faites-la dorer dans une poêle antiadhésive. Salez et poivrez.

2. Mettez la viande dans une marmite, ajoutez un verre d'eau, puis couvrez et laissez cuire 30 mn à feu doux.

3. Lavez les tomates, les aubergines, les courgettes et coupez-les grossièrement. Puis, 30 mn après le début de la cuisson de la viande, mettez les légumes dans la marmite et laissez cuire de 15 à 20 mn.

4. Pelez et écrasez l'ail dans la marmite. Ajoutez la menthe et le concentré de tomate. Laissez cuire encore 5 à 10 mn. Servez chaud.

♦ *Tabbakh rouho* signifie « le cuisinier de son âme », ce qui veut dire que ce plat est tellement bon que le cuisinier y a mis toute son âme.

POULET FARCI
djaj mihchi

pour recevoir

Une portion contient environ :
500 cal. Protides : 57 g.
Lipides : 24 g. Glucides : 14 g.

Pour 6 personnes
Préparation : 1 h 50

- *1 gros poulet prêt à cuire*
- *200 g de viande hachée*
- *1/2 verre de riz rond (100 g)*
- *25 g de pignons de pin*
- *sel, poivre du moulin*

1. Préparez la farce : mélangez la viande hachée, le riz lavé, les pignons de pin, le sel, le poivre et 3 cuillerées à soupe d'eau.

2. Remplissez le poulet de cette farce, puis cousez-le avec du fil alimentaire.

3. Préchauffez le four à 200 °C (th. 6).

4. Disposez le poulet dans un plat à four, enfournez et faites cuire pendant environ 1 h 30. Servez chaud.

CONSEIL !

S'il y a de l'excédent de farce parce que le poulet est petit, vous pouvez faire cuire la farce à la casserole, dans une quantité double d'eau salée bouillante, et la servir en même temps ou à une autre occasion.

VARIANTE

On farcit de la même façon une dinde en doublant les quantités de farce et le temps de cuisson. On prépare souvent du poulet bouilli et du riz cuit dans le bouillon. Le riz est alors présenté décoré de morceaux de poulet et mélangé à la viande hachée.

En haut : ragoût de viande et ratatouille.
En bas : poulet farci.

viandes et kibbés

POULET MARINÉ ET GRILLÉ
chich taouk

raffiné

Une portion contient environ : 265 cal. Protides : 32 g. Lipides : 15 g. Glucides : 0 g.

Pour 6 personnes
Préparation : 30 mn
Marinade : 3 h

- *1 poulet de 1,5 kg prêt à cuire ou 900 g de blanc de poulet*
- *3 cuil. à soupe d'huile d'olive*
- *2 citrons*
- *4 gousses d'ail*
- *1 cuil. à café de piment*
- *1 cuil. à café de cumin*
- *1 cuil. à café de thym*
- *1 cuil. à café de cannelle*
- *1 cuil. à café de sumac*
- *1 dose de safran*
- *sel*

1. Désossez entièrement le poulet, enlevez la peau et coupez la chair en carrés de 2 cm de côté.

2. Préparez la marinade : pressez les citrons dans un grand saladier. Pelez l'ail, hachez-le au-dessus du saladier. Ajoutez l'huile, le thym, le piment, le cumin, la cannelle, le sumac, le safran et salez.

3. Laissez mariner le poulet dans la préparation pendant quelques heures ou mieux une nuit entière.

4. Enfilez les morceaux de poulet sur des brochettes. Faites-les griller au gril ou au barbecue 15 mn en les retournant. Vous pouvez également les mettre dans un plat à four et les faire cuire 25 mn à four chaud (200 °C, th. 6) dans leur marinade.

CONSEIL !

Ce poulet se marie bien avec une purée d'ail composée d'une tête d'ail écrasée, de 3 cuillerées à soupe d'huile d'olive et d'une demi-pomme de terre cuite. Passez le tout au mixeur, salez et servez dans un ravier en même temps que le poulet.

KIBBÉ CRU
kibbé nayé

frais

Une portion contient environ : 260 cal. Protides : 18 g. Lipides : 16 g. Glucides : 13 g.

Pour 6 personnes
Repos : 1 h
Préparation : 15 mn

- *600 g de viande pour tartare ou de gigot d'agneau dégraissé*
- *1/2 verre (75 g) de* burghoul *(blé concassé)*
- *1 petit oignon*
- *1 bouquet de menthe*
- *huile d'olive*
- *sel, poivre du moulin*

1. Lavez le *burghoul*, égouttez-le et laissez-le gonfler 1 h au frais.

2. Pelez l'oignon et hachez-le au mixeur très finement. Ajoutez le *burghoul*, salez et poivrez. Hachez la viande et mélangez soit au mixeur, soit à la main.

3. Étalez le *kibbé* dans un plat de service et laissez-le au frais jusqu'au moment de servir.

4. Entourez le plat de feuilles de menthe et servez avec de l'huile d'olive.

♦ Vous pouvez accompagner ce plat d'oignons verts et de pain arabe.

En haut : poulet mariné et grillé.
En bas : kibbé cru.

KIBBÉ AU FOUR
kibbé bi saynieh

pour recevoir

Une portion contient environ :
375 cal. Protides : 27 g.
Lipides : 20 g. Glucides : 17 g.

| Pour 8 personnes |
| Préparation : 1 h 40 |
| Repos : 1 h |

- *1 kg de steak à hacher ou 1 kg de gigot d'agneau*
- *2 verres (300 g) de* burghoul *(blé concassé)*
- *25 g de pignons de pin*
- *2 oignons*
- *5 cuil. à soupe d'huile + huile pour le plat*
- *sel, poivre du moulin*

1. Épluchez et hachez les oignons. Faites-les blondir dans 3 cuillerées à soupe d'huile.

2. Hachez 200 g de viande, puis ajoutez-la aux oignons et faites cuire pendant 10 mn. Salez, poivrez, et ajoutez les pignons de pin. Réservez.

3. Coupez les 800 g de viande qui restent en 5 ou 6 morceaux. Passez-les au mixeur en plusieurs fois en mettant à chaque fois 2 ou 3 morceaux de viande, 4 cuillerées à soupe de *burghoul*, 2 cuillerées à soupe d'eau glacée. Hachez jusqu'à obtention d'une pâte bien lisse et bien homogène.

4. Dans un grand saladier, malaxez bien la pâte à *kibbé* ainsi obtenue, salez et poivrez. Divisez-la en 2 parties égales.

5. Huilez un plat à tarte de 30 ou 35 cm de diamètre et étalez-y la moitié de la pâte uniformément. Parsemez-la du mélange de viande hachée, d'oignons et de pignons. Couvrez avec l'autre moitié de pâte à *kibbé* en bouchant bien les trous. Pour qu'elle s'étale plus facilement, mouillez-la avec un peu d'eau glacée.

CONSEIL !

Pour que le *kibbé* ne s'effrite pas à la cuisson et pour pouvoir le couper facilement, il faut bien doser la quantité de sel dans la pâte. N'hésitez donc pas à le goûter pour savoir s'il ne manque pas de sel avant de l'étaler dans le plat.

6. Avec un couteau bien pointu que vous tremperez fréquemment dans l'eau glacée, divisez le *kibbé* en 8 quartiers égaux, puis coupez-y des losanges.

7. Mélangez 2 cuillerées à soupe d'huile avec 3 cuillerées à soupe d'eau et mouillez les morceaux de *kibbé* de cette préparation.

8. Laissez reposer pendant 1 h au frais. Préchauffez le four à 200 °C (th. 6) ; faites-y cuire le *kibbé* environ 40 mn.

viandes et kibbés

BOULETTES DE KIBBÉ AU YAOURT
kibbé bi laban

raffiné

Une portion contient environ : 350 cal. Protides : 22 g. Lipides : 17 g. Glucides : 28 g.

Pour 6 personnes
Préparation : 1 h
Repos : 1 h

Pour la pâte à kibbé :
- 400 g de viande
- 3/4 de verre (120 g) de burghoul *(blé concassé)*
- sel

Pour la sauce :
- 1 kg de yaourt
- 1 bouquet de coriandre
- 4 gousses d'ail
- 3 cuil. à soupe de Maïzena
- sel, poivre du moulin

1. Coupez la viande en 4 morceaux. Passez-les au mixeur en 2 fois, en mettant à chaque fois 2 morceaux de viande, 4 cuillerées à soupe de *burghoul*, 2 cuillerées à soupe d'eau glacée. Hachez jusqu'à obtention d'une pâte bien lisse et homogène. Salez et laissez reposer la pâte au frais pendant 1 h environ.

2. Formez des boulettes de *kibbé* : prenez une petite quantité de pâte et roulez-la au creux de la main, puis creusez-la avec le doigt tout en la tenant dans l'autre main. Refermez ensuite la boulette en soudant les parois avec un peu d'eau

3. Préparez la sauce : équeutez le bouquet de coriandre, épluchez l'ail et écrasez-le. Faites revenir l'ail et la coriandre à feu doux pendant 1 à 2 mn. Réservez.

4. Battez ensemble le yaourt et la Maïzena. Salez, poivrez et versez le mélange dans une casserole à travers une fine passoire. Amenez à ébullition à feu doux tout en remuant pour que le yaourt n'attache pas.

5. Ajoutez l'ail et la coriandre, puis faites-y pocher les boulettes de *kibbé* pendant 10 mn.

CONSEIL !

**Les cuisinières les plus habiles sont celles qui réussissent des boulettes à la paroi très fine. On peut façonner des boulettes toutes rondes ou bien ovales.
Si vous n'avez pas le coup de main pour façonner des boulettes creuses, faites des boulettes pleines et faites-les pocher un peu plus longtemps.**

VARIANTE

**On peut farcir ces boulettes d'un mélange d'oignon et de viande hachée que l'on aura fait revenir dans un peu d'huile avec quelques pignons.
On prépare également des boulettes de *kibbé* que l'on fait frire dans l'huile. Elles figurent alors dans les *mezzés* ou dans les buffets lors des réceptions. Vous pouvez les servir chaudes ou tièdes.**

Ce plat de fête se déguste l'hiver en soupe chaude ; cependant, certains le servent froid en été. D'autres le présentent le 1ᵉʳ de l'an car la couleur blanche du plat augure une année pleine de bonheur...

légumes

FEUILLES DE VIGNE À LA VIANDE
ouarak inib

pour recevoir

Une portion contient environ :
290 cal. Protides : 16 g.
Lipides : 18 g. Glucides : 17 g.

Pour 6 personnes
Préparation : 1 h 40

- *300 g de feuilles de vigne fraîches*
- *500 g de viande hachée*
- *150 g de riz rond*
- *le jus de 2 citrons*
- *1 tête d'ail*
- *sel, poivre du moulin*

1. Préparez la farce : mélangez la viande, le riz et 4 cuillerées à soupe d'eau. Salez et poivrez.

2. Faites blanchir les feuilles de vigne 25 mn dans une casserole d'eau bouillante. Égouttez-les et laissez-les refroidir.

3. Sur un plan de travail, étalez une feuille de vigne, mettez 1 cuillerée à café de farce au milieu, rabattez les côtés de la feuille et roulez jusqu'au bout en serrant. Répétez l'opération jusqu'à épuisement de la farce. Réservez quelques feuilles de vigne.

4. Étalez les feuilles de vigne réservées au fond d'une marmite et rangez par-dessus les feuilles roulées, en les serrant pour quelles ne se défassent pas à la cuisson.

5. Épluchez l'ail, ajoutez-le dans la marmite et couvrez d'eau. Faites mijoter 40 mn à feu doux. Versez alors le jus des citrons, rectifiez l'assaisonnement en sel et en poivre et servez très chaud avec du yaourt bien frais.

COURGETTES FARCIES
koussa mihchi

familial

Une portion contient environ :
325 cal. Protides : 17 g.
Lipides : 18 g. Glucides : 25 g.

Pour 6 personnes
Préparation : 1 h 20

- *12 petites courgettes ou 6 grandes*
- *500 g de viande hachée*
- *150 g de riz rond*
- *2 grosses cuil. à soupe de concentré de tomate*
- *le jus de 1 citron*
- *4 gousses d'ail*
- *1 cuil. à café de menthe sèche en poudre*
- *sel, poivre du moulin*

1. Coupez la tête des courgettes et lavez-les. Si vous ne trouvez que de grandes courgettes, coupez-les en 2 dans le sens de la largeur.

2. Avec un évidoir à pommes, videz délicatement l'intérieur des courgettes sans trouer la peau.

3. Préparez la farce : dans un saladier, mélangez la viande hachée et le riz. Salez, poivrez et ajoutez 4 cuillerées à soupe d'eau.

4. Remplissez les courgettes de la farce jusqu'à 1 cm du bord, car le riz gonfle en cuisant.

5. Rangez les courgettes dans une marmite et couvrez d'eau. Faites cuire 30 mn à feu doux. Pelez l'ail, écrasez-le et ajoutez-le dans la marmite ainsi que le concentré de tomate, la menthe et le jus de citron.

6. Faites mijoter encore 10 mn et servez très chaud.

CONSEIL !

Pour évider les courgettes, les Libanais se servent d'un ustensile appelé *minkara* (« celui qui gratte ») et que vous trouverez dans les épiceries orientales.

Lors d'un repas de fête on peut présenter ces deux mets ensemble.

LÉGUMES FARCIS
mihchi bi zayt

raffiné

Une portion contient environ :
230 cal. Protides : 7 g.
Lipides : 5 g. Glucides : 40 g.

Pour 6 personnes
Préparation : 1 h 30

- 6 petites courgettes
- 6 petites aubergines ou 3 gros poivrons
- 2 oignons
- 3 tomates
- 1/2 verre de pois chiches cuits
- 2 cuil. à soupe de concentré de tomate
- 1 verre de riz rond (200 g)
- 1 bouquet de persil
- 2 cuil. à café de menthe sèche en poudre
- 2 cuil. à soupe de sirop de grenade (facultatif)
- 25 g de cerneaux de noix (facultatif)
- 2 cuil. à soupe d'huile
- sel, poivre du moulin

1. Épluchez les oignons, hachez-les très finement. Lavez le persil, équeutez-le, hachez-le. Hachez les noix. Coupez les tomates en dés.

2. Lavez et égouttez le riz, puis mélangez-le aux oignons, aux tomates, au persil et aux noix. Ajoutez le sirop de grenade, l'huile, la menthe et les pois chiches. Salez, poivrez. Réservez la farce au frais.

3. Lavez les courgettes et les aubergines et videz-les à l'aide d'un évidoir à pommes. Si vous utilisez des poivrons, lavez-les, coupez-en le pédoncule et ôtez les graines.

4. Remplissez les légumes avec la farce. Mettez-les dans une casserole, couvrez-les d'eau et salez. Ajoutez le concentré de tomate et laissez cuire à feu doux 45 mn.

5. Sortez les légumes de la casserole et disposez-les sur un plat de service. Versez la sauce dans une saucière. Servez froid ou tiède.

VARIANTE

Vous pouvez remplacer le riz par du *burghoul* (blé concassé).

HARICOTS À LA TOMATE
loubieh bi zayt

facile

Une portion contient environ :
135 cal. Protides : 5 g.
Lipides : 4 g. Glucides : 20 g.

Pour 6 personnes
Préparation : 45 mn

- 1 kg de haricots verts
- 500 g de tomates
- 2 gros oignons
- 6 gousses d'ail
- 2 cuil. à soupe de concentré de tomate
- 3 cuil. à soupe d'huile d'olive
- sel

1. Épluchez les oignons et l'ail. Émincez-les et faites-les blondir dans une casserole avec l'huile.

2. Équeutez les haricots verts et lavez-les. Ajoutez-les dans la casserole. Lavez les tomates, coupez-les en quartiers et mettez-les également dans la casserole.

3. Diluez le concentré de tomate dans un demi-verre d'eau, puis versez-le dans la casserole. Salez

4. Faites mijoter pendant 30 mn environ. Servez tiède ou froid.

En haut : légumes farcis.
En bas : haricots à la tomate.

MOUSSAKA

classique

Une portion contient environ :
175 cal. Protides : 4 g.
Lipides : 6 g. Glucides : 22 g.

Pour 6 personnes
Préparation : 45 mn

- *500 g d'aubergines*
- *500 g de courgettes*
- *500 g de tomates*
- *500 g d'oignons*
- *1 gros poivron*
- *1 tête d'ail*
- *4 cuil. à soupe d'huile d'olive*
- *2 cuil. à soupe de concentré de tomate*
- *1 branche de thym*
- *3 feuilles de laurier*
- *1/2 cuil. à café de cannelle*
- *1/2 cuil. à café de cumin*
- *sel, poivre du moulin*

1. Lavez et épluchez les aubergines, les courgettes et les tomates. Pelez l'ail et l'oignon, émincez-les et faites-les blondir dans une poêle antiadhésive. Salez, poivrez.

2. Coupez les courgettes et les aubergines en rondelles.

3. Lavez le poivron, retirez-en le pédoncule ainsi que les graines, puis coupez-le en rondelles.

4. Ajoutez les courgettes, les aubergines et les poivrons dans la poêle, versez l'huile et faites sauter les légumes de 2 à 3 mn.

5. Mettez le contenu de la poêle dans une casserole. Coupez les tomates en quartiers et mettez-les dans la casserole avec le concentré de tomate, les épices et les herbes, ajoutez 1 verre d'eau et laissez mijoter 20 mn.

6. Servez froid ou tiède.

CHICORÉE OU PISSENLITS À L'HUILE

hindbé

facile

Une portion contient environ :
120 cal. Protides : 4 g.
Lipides : 6 g. Glucides : 13 g.

Pour 6 personnes
Préparation : 30 mn

- *1,5 kg de chicorée ou pissenlits (ou un mélange des deux)*
- *2 oignons*
- *5 gousses d'ail*
- *4 cuil. à soupe d'huile d'olive*
- *1/2 verre de pois chiches cuits (facultatif)*
- *2 citrons coupés en quartiers*
- *sel*

1. Lavez et triez la chicorée ou les pissenlits. Amenez à ébullition une casserole d'eau salée. Jetez-y la chicorée ou les pissenlits et faites-les bouillir. Sortez-les de l'eau, égouttez-les et passez-les 5 mn sous un filet d'eau froide. Puis pressez la chicorée ou les pissenlits entre vos mains pour retirer le maximum d'eau.

2. Épluchez l'ail et l'oignon. Hachez l'oignon, écrasez l'ail, puis faites-les les revenir dans une poêle avec l'huile d'olive et ajoutez les pissenlits ou la chicorée. Mélangez bien.

3. Ajoutez les pois chiches si vous avez choisi d'en mettre et servez tiède ou froid avec des quartiers de citron.

VARIANTE

Vous pouvez de la même manière préparer des épinards, des feuilles de blettes, et toutes sortes de salades.

En haut : chicorée ou pissenlits à l'huile.
En bas : moussaka.

légumes

PURÉE DE LENTILLES ET DE RIZ
moujjadarah

familial

Une portion contient environ :
250 cal. Protides : 10 g.
Lipides : 5 g. Glucides : 35 g.

Pour 6 personnes
Préparation : 1 h 10

- *1 verre de lentilles (200 g)*
- *1/2 verre de riz rond (100 g)*
- *2 gros oignons*
- *4 cuil. à soupe d'huile d'olive*
- *sel*

1. Lavez les lentilles ainsi que le riz et égouttez-les.

2. Mettez les lentilles dans une casserole, ajoutez 4 verres d'eau salée et faites cuire environ 35 mn jusqu'à ce que les lentilles soient bien tendres. Ajoutez alors le riz et poursuivez la cuisson 20 mn. Il ne doit plus rester d'eau, mais s'il en manquait en cours de cuisson, ajoutez-en.

3. Pendant ce temps, épluchez les oignons et hachez-les. Faites-les revenir dans une poêle avec l'huile, puis ajoutez-les dans la casserole. Mélangez bien et rectifiez l'assaisonnement en sel.

♦ Servez ce plat chaud ou tiède, avec une salade mélangée.

VARIANTE

Vous pouvez remplacer le riz par du *burghoul* (blé concassé). Vous pouvez aussi faire revenir avec les oignons un peu de viande hachée.

BURGHOUL OU RIZ AUX VERMICELLES
burghoul, riz moufalfal

quotidien

Une portion contient environ :
275 cal. Protides : 8 g.
Lipides : 7 g. Glucides : 45 g.

Pour 6 personnes
Préparation : 35 mn

- *1 et 1/2 verre (225 g) de gros* burghoul *(blé concassé) ou de riz (300 g)*
- *1/2 verre (50 g) de vermicelles*
- *3 cuil. à soupe de beurre mou ou d'huile*
- *sel, poivre du moulin*

1. Faites revenir les vermicelles dans une casserole avec le beurre ou avec l'huile (faites attention, ils brûlent très vite).

2. Lavez et égouttez le *burghoul*, puis versez-le dans la casserole. Ajoutez 4 verres d'eau, salez et poivrez. Portez à ébullition, puis baissez le feu. Couvrez et faites cuire jusqu'à évaporation totale de l'eau (environ 30 mn).

♦ Ce riz ou *burghoul* aux vermicelles est l'accompagnement de presque tous les ragoûts. Certaines régions sont friandes de *burghoul*, d'autres de riz.

VARIANTE

On peut également préparer du *burghoul* mélangé à de la viande hachée et des oignons revenus dans un peu de matière grasse. C'est alors un plat complet et économique que l'on accompagne souvent de yaourt.

*En haut : purée de lentilles et de riz.
En bas : riz aux vermicelles.*

desserts

FLAN LIBANAIS
mouhallabiée

facile et très frais

Une portion contient environ :
460 cal. Protides : 15 g.
Lipides : 17 g. Glucides : 62 g.

Pour 6 personnes
Préparation : 50 mn
Réfrigération : 3 à 4 h

- *1,5 l de lait*
- *5 cuil. à soupe de riz rond*
- *200 g de sucre en poudre*
- *125 g de pistaches hachées (non salées)*
- *2 cuil. à soupe d'eau de fleur d'oranger*

1. Faites cuire le riz 15 mn à feu doux, dans une casserole, avec l'équivalent d'un verre d'eau.

2. Écrasez le riz cuit au mixeur et passez-le dans une passoire très fine. Ajoutez un peu d'eau pour que le riz passe plus facilement.

3. Mettez le riz écrasé avec le lait dans la casserole et faites cuire à feu doux environ 20 mn jusqu'à ce que le mélange épaississe.

4. Ajoutez le sucre, mélangez et aromatisez avec l'eau de fleur d'oranger.

5. Versez dans des coupes et laissez prendre au moins 3 à 4 heures au réfrigérateur.

6. Décorez les coupes avec les pistaches hachées et servez bien frais.

VARIANTE

Vous pouvez préparer votre *mouhallabieh* avec 5 cuillerées à soupe d'amidon ou de poudre de riz. Vous les diluerez alors dans une demi-tasse d'eau avant de les ajouter au lait chaud, tout en mélangeant pour éviter les grumeaux. Vous pouvez aussi remplacer les pistaches par des amandes ou des pignons.

PETITS GÂTEAUX AU SAFRAN
sfouf

économique et facile

Un gâteau contient environ :
238 cal. Protides : 4 g.
Lipides : 10 g. Glucides : 33 g.

Pour 20 gâteaux environ
Préparation : 30 mn
Repos de la pâte : 1 à 2 h

- *500 g de farine*
- *250 g de sucre*
- *150 g de beurre mou + beurre pour le moule*
- *125 g de pignons de pin*
- *1 cuil. à café d'anis en poudre*
- *1 cuil. à café de safran*
- *1 cuil. à café de levure*

1. Mélangez la farine, le beurre, le sucre, la levure, l'anis, le safran et un demi-verre d'eau, puis pétrissez jusqu'à obtenir une pâte homogène.

2. Divisez la pâte en deux parties égales. Beurrez un moule rectangulaire, d'environ 38 X 22 cm de côtés, et à hauts rebords. Étalez-y une première moitié de la pâte.

3. Répartissez sur la pâte les pignons de pin, puis étalez l'autre moitié de la pâte. Laissez reposer au frais pendant 1 à 2 heures.

4. Préchauffez le four à 170 °C (th. 5).

5. Découpez le gâteau en losanges ou en carrés avant de le cuire.

6. Enfournez et faites cuire pendant 15 à 20 mn. Vérifiez la cuisson en piquant la pâte avec une fourchette qui doit ressortir nette.

CONSEIL !

Ces gâteaux se conservent facilement pendant plusieurs semaines dans une boîte fermée bien hermétiquement.

*En haut : petits gâteaux au safran.
En bas : flan libanais.*

desserts

GÂTEAUX AUX PISTACHES
maamouls

raffiné

Un gâteau contient environ :
300 cal. Protides : 5 g.
Lipides : 18 g. Glucides : 30 g.

Pour 20 gâteaux
Préparation : 1 h 10
Repos de la pâte : 2 h

Pour la pâte :
- 500 g de farine
- 250 g de beurre
  + beurre pour la plaque
- 2 cuil. à soupe d'eau
  de fleur d'oranger

Pour la garniture :
- 250 g de noix
  ou de pistaches
  décortiquées
- 200 g de sucre
- 4 cuil. à soupe
  de sucre glace
- 2 cuil. à soupe d'eau
  de fleur d'oranger

♦ Il existe des moules spéciaux à *maamoul* qui impriment un dessin sur le gâteau : vous en trouverez dans les épiceries orientales.

1. Préparez la pâte : faites fondre le beurre et mélangez-le à l'eau de fleur d'oranger et à la farine. Ajoutez alors 2 cuillerées à soupe d'eau.

2. Couvrez la pâte avec un chiffon humide et laissez-la reposer 2 h environ.

3. Pendant ce temps, préparez la garniture : hachez les noix ou les pistaches.

4. Mélangez les noix et les pistaches hachées au sucre et à l'eau de fleur d'oranger. Préchauffez le four à 200 °C (th. 6).

5. Formez les *maamouls* : prenez une petite quantité de pâte, puis creusez-la à la main.

VARIANTE

Vous pouvez préparer une autre sorte de gâteaux en les remplissant d'amandes moulues et en les trempant dans un sirop épais au moment de déguster. Vous pouvez également les fourrer avec une pâte faite de dattes dénoyautées et hachées.

6. Mettez-y une petite quantité de garniture et refermez la pâte en aplatissant le gâteau. Dessinez des motifs géométriques sur la pâte avec un couteau.

7. Mettez les *maamouls* sur une plaque à four beurrée, enfournez et faites cuire environ 30 mn.

8. Sortez les *maamouls* du four et roulez-les dans le sucre glace.

desserts

GÂTEAU DE SEMOULE AU FROMAGE
knafée bi jibneh

pour recevoir

Une portion contient environ : 850 cal. Protides : 17 g. Lipides : 47 g. Glucides : 90 g.

Pour 8 personnes
Préparation : 50 mn
Repos de la pâte : 2 h

Pour la pâte :
- *500 g de semoule fine*
- *250 g de beurre mou + beurre pour le plat*
- *1 verre de lait*
- *1 cuil. à café de levure boulangère*
- *2 cuil. à soupe d'eau de fleur d'oranger*
- *600 g de mozzarella ou de fromage* Akaoui *mis à dessaler 1 nuit entière*

Pour le sirop :
- *150 g de sucre en poudre*
- *2 cuil. à soupe d'eau de fleur d'oranger*
- *1 filet de citron*

1. Mélangez le beurre avec la semoule, le lait, la levure et l'eau de fleur d'oranger. Couvrez d'un torchon humide et laissez reposer la pâte 2 h au frais.

2. Divisez la pâte en deux. Beurrez un plat à four rond d'environ 30 cm de diamètre et étalez-y une moitié de pâte.

3. Préchauffez le four à 200 °C (th. 6).

4. Coupez le fromage en fines tranches, parsemez-en la pâte déjà étalée, puis étalez par-dessus la deuxième moitié de pâte. Pour l'étaler facilement, mouillez-la de quelques gouttes d'eau.

5. Enfournez et laissez cuire pendant environ 15 mn.

6. Pendant ce temps, préparez le sirop : dans une casserole, amenez à ébullition une demi-tasse d'eau, l'eau de fleur d'oranger, le jus de citron et le sucre.

7. Après les 15 mn de cuisson au four, mouillez la *knafée* avec quelques cuillerées de sirop. Remettez au four 15 mn. Le sucre, en brûlant, lui donnera une couleur orangée.

8. Servez chaud accompagné du reste de sirop dont chacun se servira à son goût.

♦ Cette *knafée* se déguste en général le matin, au petit-déjeuner, accompagnée d'une galette aux graines de sésame. On la sert également lors de réceptions, après un repas de fête.

VARIANTES

Vous pouvez également préparer de la même façon une *knafée* fourrée de *kachta*, sorte de crème. Traditionnellement, on prépare cette *kachta* en faisant bouillir à feu doux du lait et en écumant au fur et à mesure la peau qui se forme à la surface. Une fois refroidie, étalez cette peau de lait comme de la crème. Mais vous pouvez obtenir une crème tout aussi délicieuse en faisant macérer toute une nuit au réfrigérateur du pain de mie émietté avec de la crème liquide et du lait. Pour cela, mélangez environ une dizaine de tranches de pain de mie, dont vous aurez préalablement enlevé les bords, avec 1 verre de lait et 50 cl de crème. Le lendemain, amenez ce mélange à ébullition, laissez-le refroidir, puis étalez-en une couche épaisse entre deux couches de pâte.

Un des desserts favoris des Libanais, la knafée bi jibneh *se déguste souvent debout, tel un sandwich, dans la rue ou chez le pâtissier.*

table des recettes

Mezzés	Facilité	Rapidité	Prix	Calories	Page
Bouchées à la viande	facile	55 mn	raisonnable	80	22
Bouchées aux épinards	facile	50 mn	bon marché	90	20
Concombres au yaourt	très facile	10 mn	bon marché	60	12
Condiments de concombres	très facile	10 mn	bon marché	130	14
Condiments de navets	très facile	10 mn	bon marché	320	14
Falafel	facile	30 mn	bon marché	130	18
Fromage blanc	très facile	10 mn	bon marché	200	12
Pizzas à la viande	facile	50 mn	raisonnable	120	20
Purée d'aubergines	facile	50 mn	bon marché	85	16
Purée de pois chiches	facile	1 h 10	bon marché	300	16
Salade au pain	très facile	20 mn	bon marché	120	10
Salade de cervelles	très facile	15 mn	bon marché	140	14
Salade de pois chiches	très facile	1 h 10	bon marché	215	18
Salade de pommes de terre	très facile	30 mn	bon marché	200	12
Taboulé	très facile	30 mn	bon marché	130	10
Tartes au fromage	facile	50 mn	bon marché	100	22
Soupes	**Facilité**	**Rapidité**	**Prix**	**Calories**	**Page**
Soupe au riz	facile	45 mn	raisonnable	400	24
Soupe au yaourt et aux oignons	facile	1 h 30	raisonnable	500	24
Soupe aux feuilles de corête	facile	1 h 45	raisonnable	550	26
Poissons	**Facilité**	**Rapidité**	**Prix**	**Calories**	**Page**
Kibbé de poisson	facile	1 h 25	raisonnable	390	28
Poisson à la crème de sésame	facile	1 h 10	raisonnable	400	30
Poisson au riz	facile	1 h 15	cher	570	28
Poisson aux piments	facile	1 h 10	cher	380	30
Œufs	**Facilité**	**Rapidité**	**Prix**	**Calories**	**Page**
Œufs aux poivrons	facile	45 mn	raisonnable	250	32
Œufs brouillés aux courgettes	très facile	35 mn	bon marché	250	32
Œufs frits au sumac	très facile	5 mn	bon marché	220	32
Viandes et kibbés	**Facilité**	**Rapidité**	**Prix**	**Calories**	**Page**
Boulettes à la tomate	facile	1 h	raisonnable	450	36
Boulettes de kibbé au yaourt	difficile	1 h	raisonnable	350	46
Gigot au riz pilaf	facile	2 h 20	cher	650	38
Kibbé au four	difficile	1 h 40	raisonnable	375	44
Kibbé cru	très facile	15 mn	cher	260	42

	Facilité	Rapidité	Prix	Calories	Page
Pâté de viande à la libanaise	facile	1 h	raisonnable	460	34
Poulet farci	facile	1 h 50	raisonnable	500	40
Poulet mariné et grillé	facile	30 mn	raisonnable	265	42
Ragoût de viande et ratatouille	facile	1 h 20	cher	545	40
Tartare au persil	très facile	10 mn	raisonnable	180	34
Viande aux légumes	facile	1 h 20	raisonnable	500	38
Viande grillée	facile	20 mn	raisonnable	300	36
Légumes	**Facilité**	**Rapidité**	**Prix**	**Calories**	**Page**
Burghoul ou riz aux vermicelles	facile	35 mn	bon marché	275	54
Chicorée ou pissenlits à l'huile	facile	30 mn	bon marché	120	52
Courgettes farcies	difficile	1 h 20	raisonnable	325	48
Feuilles de vigne à la viande	facile	1 h 40	raisonnable	290	48
Haricots à la tomate	facile	45 mn	bon marché	135	50
Légumes farcis	difficile	1 h 30	bon marché	230	50
Moussaka	facile	45 mn	bon marché	175	52
Purée de lentilles et de riz	facile	1 h 10	bon marché	250	54
Desserts	**Facilité**	**Rapidité**	**Prix**	**Calories**	**Page**
Flan libanais	très facile	50 mn	bon marché	460	56
Gâteau de semoule au fromage	facile	50 mn	raisonnable	850	60
Gâteaux aux pistaches	difficile	1 h 10	raisonnable	300	58
Petits gâteaux au safran	facile	30 mn	bon marché	238	56

Dans la colonne Rapidité, les temps de préparation et de cuisson sont additionnés. Les temps de marinade, de réfrigération, de trempage et de repos ne sont pas compris.

Nous remercions tout particulièrement le restaurant Noura, 27 avenue Marceau, 75016 Paris, Tél. : 01.47.23.02.20, qui a réalisé la plupart des recettes photographiées dans cet ouvrage. Nous remercions également l'office du tourisme du Liban pour son aimable collaboration ainsi que la maison Liwan pour le prêt des accessoires Lina Audi pour Liwan. Liwan, 8 rue Saint-Sulpice, 75006 Paris.

© 1995, Hachette Livre (Hachette Pratique), Paris.

Tous droits de traduction, d'adaptation et de reproduction totale our partielle, pour quelque usage, par quelque moyen que ce soit, réservés pour tous pays.

Secrétariat d'édition : Céline Chesnet
Conception et réalisation : Béatrice Lereclus

Dépôt légal : 7266-02-1998 - N° éditeur : 34247
ISBN : 2-01-620651-9
62-62-0651-02-0

Impression : Canale, Turin (Italie).

Petits Pratiques Hachette

100 titres disponibles

cuisine

- Agneau
- Barbecue
- Bœuf
- Brunchs
- Buffets
- Céréales
- Champignons
- Chocolat
- Cocktails
- Confitures, conserves
- Cuisine alsacienne
- Cuisine asiatique
- Cuisine pour bébés
- Cuisine bretonne
- Cuisine chinoise
- Cuisine aux condiments
- Cuisine créole
- Cuisine pour deux
- Cuisine facile
- Cuisine grecque
- Cuisine aux herbes
- Cuisine indienne
- Cuisine italienne
- Cuisine libanaise
- Cuisine marocaine
- Cuisine orientale
- Cuisine pour une personne
- Cuisine provençale
- Cuisine russe
- Cuisine tex-mex
- Cuisine au tofou
- Cuisine végétarienne
- Desserts
- Entrées et hors-d'œuvre
- Fondues
- Fruits exotiques
- Gratins et soufflés
- Le goût en quatre saveurs
- Légumes
- Mets et vins
- Oeufs
- Pâtes
- Pâtisserie
- Petits gâteaux
- Pizzas et tourtes
- Plats mijotés
- Poissons
- Pomme de terre
- Riz
- Salades composées
- Salades variées
- Sauces
- Soupes et potages
- Tartes et gâteaux
- Veau
- Volailles

animaux

- Aquariums
- Aquarium, les plantes
- Boxers
- Canari
- Caniches
- Chats
- Chiens
- Chinchillas
- Cochon d'Inde
- Hamster
- Perruche callopsitte
- Perruches ondulées
- Lapin nain
- Oiseaux du jardin
- Perroquets
- Petits chiens
- Poissons rouges
- Teckels
- Tortues
- Westies
- Yorkshires

jardinage

- Bambous
- Bégonias
- Bonsaï
- Bouquets
- Bouturages
- Cactus
- Fleurs à bulbes
- Géraniums, pélargoniums
- Jardin de mois en mois
- Orchidées
- Palmiers
- Pelouses et gazons
- Plantes aromatiques
- Plantes d'intérieur
- Potager
- Rhododendrons, azalées
- Roses
- Taille

décoration

- Couronnes de fêtes
- Encadrement*
- Fleurs séchées
- Rideaux - Coussins

Hachette, côté pratique